Wohin?
Warum?
Wie war's?

Kassel

Reise-Experiment
mit Maske

Ute Fischer
Bernhard Siegmund

Ein Buch aus dem

Redaktionsbüro Fischer + Siegmund

In den Rödern 13

64354 Reinheim

Fotos: Fischer (16), Siegmund (15)

Das Buch wurde nach bestem Wissen zusammengestellt. Für die Richtigkeit der beschriebenen Angaben wird keine Gewähr übernommen

ISBN: 978-3-7526-24458

Herstellung und Verlag: BoD - Books on Demand, Norderstedt

Oh Corona, wie hast Du unser Leben verändert...

Reisen und darüber Bücher schreiben ist unsere größte Leidenschaft. Wir müssen uns nicht mehr ständig ums Tagesgeschehen kümmern und passen in keinen Rentnerclub. Endlich könnten wir unsere Passion richtig ausleben. Da vermiest uns Corona unsere Pläne. Die Kirschblüten-Reise nach Japan wurde schnell abgesagt und das angezahlte Geld unverzüglich zurück überwiesen. Die für Juni 2020 schon im Vorjahr gebuchte Irland-Reise realisierte sich auch nicht. Das hatten wir schon im April geahnt. Aber nicht, dass wir unsere Anzahlung gerichtlich einklagen müssen. Der Veranstalter drückte sich mit vielen Seiten langen weinerlichen Briefen und schwafelte von Verlegung und Verständnis. Weil er selbst im September 2020 noch keine Insolvenz angemeldet hatte, verweigerte sich auch die R + V-Versicherung. Was nützt da schon ein Sicherungsschein. Erst mal Schwamm drüber.

Was dann? Überall droht Quarantäne. Wir wollen nicht urplötzlich in einem fremden Land im Hotel festgesetzt oder womöglich von der Heimreise abgeschnitten sein. Nova Scotia und

Halifax war so eine Idee. Zwar kommt man derzeit wieder nach Kanada. Aber kommt man auch zurück nach Deutschland? Was ist, wenn dort eine Horde Übermütiger Party feiert und den Superspreader herauslässt? Also engere Grenzen ziehen. Europa? Auch unsicher! Deutschland? Klar. Wir wollten doch schon immer mal nach Kassel und zwar außerhalb des Documenta-Gewimmels.

Ab nach Kassel

Oh weh. Was mir so fröhlich auf der Zunge liegt, bedeutet auf Bayrisch „Schleich Dich" und ist die vage Aufforderung, dass man jemanden schnell loswerden möchte. Angeblich galt dieser eher barsch gemeinte „Wunsch" im Jahr 1870 dem in der Schlacht von Sedan gefangen genommenen Kaiser Napoleon III., der von Aachen ins Kassler Schloss Wilhelmhöhe verbracht werden sollte. Da schrieb sich Kassel allerdings noch mit C und das bis 1926.

Heute gilt Kassel, so hören wir angenehm überrascht, mit 23,4 Quadratmetern Grünfläche pro Einwohner als zweitgrünste Stadt Deutschlands. Und trotzt des angeblich berüchtigten kühlen Klimas. Den ersten Platz belegt übrigens Potsdam mit 33 grünen Quadratmetern pro Kopf.

Insgesamt rund 120 Menschen, davon 40 Gärtner und jede Menge Studenten und Auszubildende kümmern sich in Kassel um die Pflege der Parks. Die mit rund 203.000 Einwohnern nach Frankfurt am Main und Wiesbaden drittgrößte Stadt Hessens benötigt nur wenig mehr Fläche als das Fürstentum Liechtenstein. Die höchste Stelle von 167 Metern werden wir nicht ausmachen können. Sie liegt vermutlich auf der Insel Siebenbergen am unteren Ende der Karlsaue. Schaumermal.

Wegen der Sorge vor Ansteckung im Zug, wegen der Beweglichkeit um Kassel herum und auch, weil Cousin Hubert mit uns reist, fuhren wir mit dem Auto und selbstverständlich mit Maske für die Beifahrer. Im Nachhinein begriffen wir: Die für uns wichtigsten Sehenswürdigkeiten in Kassel sind gut zu Fuß, notfalls mit einem Stadtbus zu erreichen. Außerdem gibt es wie in vielen Städten ein preisermäßigtes Zwei- und Drei-Tagesticket für Busse, Straßenbahn und Bahn; allerdings nur für ein bis zwei Personen. Und wir waren ja immerhin drei.

Während unserer vier Tage in Kassel begegneten wir bei unseren Erkundungen immer wieder bestimmten Namen, die für die Entwicklung der Stadt an der Fulda prägend waren: **Jakob und Wilhelm Grimm**, nicht nur wegen

5

ihrer Märchen; die **Familie Henschel** wegen ihrer Lokomotiven, Lastwagen und Omnibusse; **Arnold Bode**, Gründer der Documenta; **Joseph Beuys** und sein 7.000-Eichen-Projekt, jede Menge Landgrafen und natürlich der **Herkules** auf dem höchsten Punkt des Bergparks Wilhelmshöhe.

Doch wo anfangen, wenn man in Kassel mit der Bahn am Fernbahnhof Kassel-Wilhelmshöhe ankommt? Der liegt nämlich nicht im Zentrum. Aha. Aber Bus und Straßenbahn verbinden ihn gut und schnell mit der Innenstadt. Weil Reisejournalisten ein bisschen schneller reisen müssen als Normalurlauber, hatten wir unser Buchprojekt bei der Kassel Marketing GmbH angekündigt. Nein, nicht um etwas billiger zu bekommen. Reise und Hotel haben wir selbst bezahlt.

Aber wir wünschten uns einen gutinformierten Begleiter, der uns zielsicher und ohne Zeitver-

lust durch Herumirren zu den Schmankerln von Kassel bringt. Wir hatten das Glück, in die Hände einer kompetenten und charmanten Stadtführerin zu geraten. Dr. Sylvia Schmelzer, promovierte Soziologin und zertifizierte Gästeführerin nach europäischer Norm DIN-EN 15565, zeigte uns von Anfang an, dass sie nicht nur sportlich mit dem Rad unterwegs ist, sondern auch gut und ausdauernd zu Fuß. Geschickt verband sie unsere Besichtigungswünsche mit den Stationen, die dem Kasseler Stadtmarketing als besuchenswert und deshalb beschreibungswürdig erschienen. Nein, das war kein gemütlicher Spaziergang mit Käffchen hier und Käffchen da, sondern echte Fußarbeit. Und selbstverständlich mit Maske.

Der Kassler an sich

Die Einwohner machen sehr feine Unterschiede bei der Bezeichnung ihrer Mitbürger. Ein „Kassler" ist nicht hier geboren, sondern zugezogen. Ein „Kasselaner" ist hier geboren und wenigstens ein Elternteil stammt von hier. Beim „Kasseläner", etwas ganz Besonderes, stammen schon beide Großeltern und beide Elternteile von hier und man ist selbst auch in Kassel geboren. Das Kasseler oder Kassler auf dem Teller, also ein gepökeltes und leicht angeräuchertes Stück Schweinefleisch, ist keine Kassler Spezialität, sondern wurde angeblich von dem Berliner Fleischermeister Cassel im 19. Jahrhundert erfunden. Eine weitere Deutung verweist auf den französischen Bratentopf

„Kasserolle", ein flacher Schmortopf, der mit den Hugenotten nach Deutschland gekommen sei. Etliche landeten auch in Kassel, wie wir später noch hören. Und schon kommen unsere Gedanken ins Wanken. Corona raubt uns den Zufall, die Spontaneität. Lasst uns lieber von den Grimms erzählen.

By the way: Der TV-Produzent und Talkshow-Moderator Hubertus Meyer-Burckhardt, echter Kasseläner, hinterließ im Merian einen markanten Satz: „Der Kasseläner eignet sich nicht als Projektionsfläche. Mit ihm reist du nicht zu den Sternen, mit ihm geht man durchs Leben!" Das kann heutzutage nur schlecht passieren mit dem Lappen vor den Lippen, über die wir nur das Nötigste von uns geben. Corona bremst jeden Smalltalk aus. Bloß gut, dass wir verheiratet sind und nicht auf Partnersuche. Schade trotzdem um jeden netten Kasseläner, den wir hätten kennenlernen können.

Die Brüder Grimm - Viel mehr als Märchensammler

Die Familie stammt aus Hanau. Urgroßvater und Großvater waren evangelische Geistliche. Die Eltern Dorothea und Philipp Wilhelm Grimm hatten neun Kinder, von denen drei als Säuglinge starben. Neben Jacob (1785 bis 1863) und Wilhelm (1786 bis 1859) erlangte der jüngere Bruder Ludwig Emil Bedeutung als Maler. Die meisten — fast fotografisch detaillierten - Porträts der Brüder und der Familie stammen von ihm.

Ihre Jugend verbrachten die Grimm-Kinder in Steinau an der Straße, ein romantischer Ort an der BAB 66 zwischen Bad Soden-Salmünster und Schlüchtern auf dem Weg nach Fulda. Der Vater war Amtmann und sie wohnten in dem heute noch existierenden Amtmann-Haus. Er starb sehr früh und die Mutter schickte die beiden Buben 1798 zu einer Tante nach Kassel, damit sie am Friedrichsgymnasium eine gute Schulbildung erhielten. Jacob studierte danach Rechtswissenschaft an der Philipps-Universität in Marburg, sein Bruder Wilhelm folgte ihm ein Jahr später. Friedrich Carl von Savigny, einer ihrer Lehrer, erkannte die Wissbegier und das Faible der beiden für die deutschsprachige Literatur und eröffnete ihnen seine Privatbibliothek. Sie dehnten ihren Arbeitsbereich auch auf Skandinavien, Finnland, Spanien, Serbien und die Niederlande aus. Nach ihrem Studienabschluss 1806 begannen sie mit dem Sammeln von Märchen und Sagen und begründeten mit der kritischen Untersuchung der Quellen und der literarischen Bearbeitung der Erzählungen eine neue Wissenschaft: die Märchenkunde.

Nach dem Tod der Mutter im Jahr 1808 übernahm Jacob als Ältester die Versorgung der Familie. Jacob und Wilhelm wohnten und arbeiteten zusammen an verschiedenen Büchern über den Altdeutschen Meistergesang, über Altdänische Heldenlieder und Balladen, über Altdeutsche Wälder und immer wieder Märchen und Sagen. 1814 bezogen sie zusammen

Grimmdenkmal

mit ihrer Schwester Charlotte eine Wohnung im heute noch erhaltenen nördlichen Torhaus am Wilhelmshöher Tor. Das werden wir noch sehen. Jacob finanzierte als Bibliothekar die Wohnungsgemeinschaft. Wilhelm war sein Sekretär. Als ihre Gönnerin Kurfürstin Wilhelmine Karoline von Hessen 1820 starb, mussten sie sich eine billigere Wohnung suchen. Lotte verließ die Brüder, um zu heiraten. Die führten über viele Jahre einen gemeinsamen Junggesellenhaushalt, bis Wilhelm 1825 mit 39 Jahren seine langjährige Freundin Dorothea Wild heiratete. Jacob blieb weiterhin bei dem Paar, auch als es nach Göttingen zog.

1830 wurde Jacob ordentlicher Professor, Wilhelm erst 1835. 1838 begannen sie mit dem Deutschen Wörterbuch als Sammlung sämtlicher Wörter von Luther bis Goethe. König Friedrich Wilhelm IV. holte sie 1840 nach Berlin, wo sie rund 20 Jahre lang finanziell gesichert lebten und eine Fülle an Schriften zur Geschichte der deutschen Sprache hinterließen. Ein erster Versuch, Sprachgeschichte mit Sozialgeschichte zu verknüpfen. Das Deutsche Wörterbuch, das größte Projekt der Brüder Grimm und mit rund 320.000 Stichwörtern, gilt bis heute als das umfassende Wörterbuch deutscher Sprache. Es erschien nicht auf einmal, sondern etappenweise über einen Zeitraum von mehr als hundert Jahren.

Auch politisch engagierten sie sich. Jacob war Abgeordneter der Frankfurter Nationalversammlung. Beide halfen mit, die Menschenrechte in Deutschland zu formulieren. Nach ihrem eigenen Bekunden waren sie Sprachwissenschaftler und Volkskundler und gelten noch heute gemeinsam mit Karl Lachmann und Georg Friedrich Benecke als die Gründungsväter der Germanistik. Die Brüder lebten bis zu Wilhelms Tod 1859 in einem gemeinsamen Haushalt in Berlin. Jacob starb 1863. Ihre gemeinsame Grabstätte liegt auf dem Alten St.-Matthäus-Kirchhof in Berlin-Schöneberg.

Grimmwelt auf Henschels Spuren

Seit Herbst 2015 widmet die Stadt den Brüdern Grimm eine Präsentation in einem eigens errichteten Gebäude auf dem Kasseler Weinberg. Die Adresse „Am Weinberg" lässt vermuten, dass es hier einst einen Weinberg gab. Wir finden im Internet, dass man den Hang zwischen dem 13. und dem 18. Jahrhundert tatsächlich für den Weinanbau genutzt habe. Ab 1825 schwenkte man um auf Bier und trieb Keller in den Felsen, um Bier zu lagern. Es soll auch einige Biergärten gegeben haben. Reste werden wir sehen. Aber erst einmal zu den Henschels.

Die Familie Henschel

Von 1868 bis 1931 stand hier am Weinberg ein Teil der hochherrschaftlichen Villa der Familie Henschel mit Panoramablick aus dem Wohnzimmer auf die Südstadt. Das Anwesen, das durch Zukäufe der Felsenkeller bald aus mehreren Häusern bestand und „Haus Henschel" hieß, war so riesig, dass noch das jetzige Museum für Sepulkral Kultur hineingepasst hätte. Dazu leisteten sich die Henschels einen exquisiten Architekten: Richard Lucae; er baute auch die Alte Oper in Frankfurt. Das Haus Henschel wurde angeblich wegen zu hoher Steuern 1932 abgerissen. Die danebenstehende Villa traf das Schicksal des Zweiten Weltkriegs. Alliierte Bomber radierten sie aus. Teile von Säulen, Kapitelle und Steine mit Ornamenten findet man heute noch im Gras,

Über Jahrzehnte benützten die Kassler die ehemaligen Henschel-Gärten als Bürgerpark. Beim Bau der Grimmwelt erstritten sie sich das Recht, den Hang unterhalb des Museum weiterhin als Picknick-Wiese nützen zu dürfen. Sie haben auch freien Eintritt auf das Dach der Grimmwelt und ins Restaurant.

Die wunderbare Welt der Grimms

Nein, hier wartet kein Märchenmuseum für Kinder, Tagträumer und Traumtänzer, sondern ein begehbares Buch mit intellektuellen Inhalten.

Begehbares Buch

Wenn man erst mal die Hände desinfiziert hat, geht es in die Unterwelt. Die einzige Struktur sind die Anfangsbuchstaben Grimm'scher Wörterbucheinträge wie Zettel, Treppe, Glück, Froteufel; sie verführen den Betrachter in virtuelle Räume, zu künstlerischen Installationen und Multimedia-Formaten und tauchen ein in Wissenschaft und Wirklichkeit, Kunst und Sprache, Märchen und Historie.

Tierische Geräusche begleiten uns in das Haus von Rotkäppchens Großmutter. Da liegt der dicke fette Wolf unter ihrem Federbett; natürlich eine Projektion, sieht aber ziemlich lebendig aus. Auch einen finstern Wald gibt es aus scheinbar undurchdringbarem Kunststoffgestrüpp. Viele Plätze zum Sitzen laden ein zum Schauen, Verweilen, Zuhören und eintauchen in eine geheimnisvolle Geräuschkulisse. Wäre ich noch ein Kind, würde ich nächtelang davon träumen, so wirklich erscheinen die Bilder, Projektionen und Geräusche.

Fleißig schreibe ich mit einem Bleistift. Den tauschten mir die Türsteher, gegen meinen Kugelschreiber. Weil: Bleistiftkritzeleien ließen sich am besten entfernen, werde ich belehrt. Kluge Idee! Und dabei stehen wir vor einem riesigen Tintenfass mit 207 Litern Tinte. So viel haben die Brüder Grimm in ihrem Leben zu

Papier gebracht! Und das waren nicht nur die 226 weltberühmten Kinder- und Hausmärchen.

Wir scheuchen Hubert mal durch das begehbare Knusperhäuschen. Aber die lecker aussehenden Plätzchen sind natürlich aus Plastik.

Knusperhäuschen

Es gibt jeden Tag einen andersfarbigen Aufkleber als Ausweis. Man könnte zwischen all diesen Eindrücken auch einmal das Haus verlassen, sich auf die Wiese setzen, die Eindrücke sacken lassen und weiter stöbern.

Auch wer sich nicht wie wir, an der deutschen Sprache und Schrift begeistert, wird sprichwörtlich aufgesaugt und wieder ausgespuckt in eine unerwartete Nische. „Ärschlein" tönt es aus einem riesigem schwarzem Ohrtrichter. Und während wir uns darüber lustig machen, schallt uns ein mittelalterliches Schimpfwort entgegen. „Tittlapatscher" schimpfe ich zurück und werde augenblicklich mit einen unverständlichen Lautkanonade beschallt. So könnten wir es weitertreiben; denn der automatische Schimpfer reagiert unermüdlich auf jedes Wort, auch wenn es gedämpft durch die Mund-Nasen-Maske herauspurzelt. Motto: Schenken Sie uns ein anstößiges Wort von heute und erhalten dafür eines aus dem Grimm'schen Wörterbuch. Erklärung dafür: Die Grimms arbeiteten am Gebrauch der Sprache und nahmen daher ebenso Wörter der rohen „ungeziemen" Sprache in ihr Wörterbuch auf, auch Flüche und Schimpfwörter wie Pissblume und das Wort „krass", das schon zu Grimms Zeiten als Kraftwort gebräuchlich war.

In Vitrinen stehen hinter Glas originale Handschriften der Brüder und Bücher aus jener Zeit. Man kann gut darin lesen, denn die Grimms schrieben nicht Sütterlin, sondern die deutsche Schrift, die wir entziffern können.

In den Grimms Welten gibt es auch eine Cafeteria mit kleinen Gerichten und Kuchen. Zu Corona-Zeiten müssen wir freilich warten, bis uns ein Platz zugewiesen wird. Vorher wieder Hände desinfizieren. Die Tischplatte wird noch schnell abgewischt und desinfiziert, so dass wir uns gut aufgehoben fühlen. Durch bodenhohe Fenster blicken wir auf die Südstadt: Wie früher die Henschels aus ihrem Wohnzimmerfenster.

Die Henschels und Kassel

Auf dem Weg in die Karlsaue steigen wir von den Grimms Welten die Wege und Treppen durch den terrassierten Henschel-Garten hinunter zur Frankfurter Straße. Strauchrosen, Königskerzen, auch Kräuter wie Dill, Thymian und Rosmarin und ein halbverfallenes Gewächshaus im Industriestyle erinnern an die vergangene Gartenkultur der Henschels. Selbst die „Perle von Weißenstein", älteste deutsche Rose und eine echt Kasseler Züchtung, habe hier überlebt, lesen wir in einer Gartenbroschüre. Einige Grabsteine liegen verstreut. Auf einem steht: „Ihr seid nicht tot – solange man Euer gedenkt". Teile einer gemauerten Pergola sind noch zu sehen, wo vermutlich Gäste der Henschels ihren Nachmittagstee nahmen, Party feierten und stolz auf die Südstadt schauten.

Der Namen Henschel genießt in Kassel noch immer große Beachtung. Gegründet 1810 als Henschel & Sohn, sorgte die Unternehmerfamilie über viele Generationen für Arbeitsplätze in Kassel und förderte die Kultur der Stadt. Begonnen als sogenannte Stückgießerei Anfang des 19. Jahrhunderts, produzierte das Unternehmen ab 1816 Dampfmaschinen und Dampflokomotiven. Henschel galt zeitweise als einer der bedeutendsten Hersteller von Lokomotiven in Europa. Über 7.000 Lokomotiven wurden bis 1905 produziert; ab 1925 auch Lastkraftwagen, Straßenwalzen und Omnibusse, später Rüstungsgüter wie Panzer und Geschütze und Flugmotoren. Der Henschel-Sohn Johann Werner (1782 bis 1850), der die väterliche Glockengießerei betreute, war aber auch ein bedeutender Bildhauer, der unter anderem die Bildsäule des Heiligen Bonifatius in Fulda schuf. Er war mit den Grimms befreundet.

1958 wurden die in Familienbesitz befindlichen Werke verkauft. Die unterschiedlichen Produktionsstätten gingen über in Namen wie Rheinstahl, Klöckner-Humboldt-Deutz, Hanomag, Mercedes-Benz, Thyssen, ABB, Bombardier.

Noch heute befinden sich auf dem Flughafen Kassel-Calden drei selbständige Firmen, die ihren Ursprung in den Henschel Flugzeugwerken haben. Interessenten finden viel Technisches im Henschel-Museum im ehemaligen Werksgelände in Kassel-Rothenditmold in der Wolfhager Straße. Gleich nebenan im Technik-Museum Kassel kann man Prototypen der Henschelschen Erfindungen bestaunen, einschließlich der Vorläufer des Transrapid.

Unten auf der Frankfurter Straße angekommen, strahlen uns schon die grellfarbenen, großformatigen Graffiti in der Unterführung entgegen. Nein, keine Schmierereien, sondern echte Kunst, die beeindruckt und an die Wandmalereien von Valparaiso in Chile erinnert. Die legalen Flächen sind schon seit den 90er Jahren eingerichtet; unter anderem auch unter dem Holländischen Platz. Dort schmücken Graffiti von internationalen, teils weltbekannten Künstlern fünf Gänge komplett. Schade, das haben wir nicht gesehen.

Karlsaue

Vor uns breitet sich nun die Karlsaue aus. Schon immer ein idyllischer Ort für die jeweiligen Herrscher, erlebte sie im Zuge der Jahrhunderte wechselnde Gestaltungsmoden. Ursprünglich hieß sie Moritz-Aue und war um 1570 bis 1680 ein Renaissancegarten mit Jagdrevier. Unter den Landgrafen Carl und Friedrich II. begann danach die Erweiterung und Umgestaltung als Barockgarten. Ab 1787 war es schick, sich Gärten im englischen Stil anlegen zu lassen. Dazu beriefen Landgraf Wilhelm IX und Kurfürst Wilhelm II. die Gartenarchitekten Daniel August Schwarzkopf, Wilhelm Hentze und Franz Vetter auf den Plan. Die heutige Anlage entspricht in weiten Zügen dieser Gestaltung. Danach wurde nur noch der Rosenhang in den 50er Jahren neu angelegt.

Der 1,5 Quadratkilometer große Staatspark erstreckt sich zwischen der Mündung der Kleinen Fulda, wie man die Drusel nennt, und den Giesenwiesen am Auestadion im Süden. Ursprünglich umflossen Fulda und Kleine Fulda den Park. Bei der Park-Umgestaltung wurde ein Teil der Kleinen Fulda zugeschüttet und im Flussbett der „Küchengraben" angelegt.

Schwanen-Tempel

Die Karlsaue gilt heute als Oase und grünes Herz von Kassel. Seit 2009 gehört der Park zum European Garden Heritage Network, eine europaweite Partnerschaft von Regierungsorganisationen, Tourismusagenturen, gemeinnützigen Vereinigungen, regionalen Kommunalverbänden, Stiftungen und anderen Gartenbesitzern mit dem Ziel, den Erhalt von Parks, Gärten und Grünanlagen zu fördern.

Nicht nur im Sommer, sogar heute bei strömendem Regen treffen wir relativ viele Besucher, Radler, Spaziergänger, Jogger, sogar Fotografen. Bei gutem Wetter seien die Wiesen voll mit Picknickern, erzählt Frau Schmelzer. Das erinnert fast an den Central Park in New York. Dort baute man die Wege allerdings geschwungen und kurvig, damit man auf wenig Raum viele, viele Kilometer für ebenso viele, viele Menschen erzielt. In der Karlsaue hingegen verlaufen die Wege schnurgerade wie mit dem Lineal gezogen. Hier ging es um Sichtachsen und Großartigkeit, dort um kalkulierte Unordnung der englischen Landschaftskunst.

Wie in einem Botanischen Garten residieren hier alte und seltene Bäume aus aller Welt. Allein 50 verschiedene Eichen soll es geben. Schon in früheren Zeiten tauschten auch in Kassel die hohen Herren ihre Raritäten und verbreiteten die Naturschönheiten wie Visitenkarten in den Parks ihrer Freunde.

Der stetige Nieselregen nervt; denn eigentlich wollen wir das alles fotografieren, was uns Frau Schmelzer erzählt. Stattdessen verschanzen wir uns unter Kapuzen und Schirmen. Da ist das

Los von Reisejournalisten. Zum Fotografieren müssen wir wiederkommen.

Am Kopf der Anlage steht die goldgelbe Orangerie wie ein breiter Riegel, einst Winterplatz der Zitrusfrüchte. Heute befindet sich darin das Astronomisch-Physikalische Kabinett und unter der zehn Meter durchmessenden Kuppel

Orangerie

Hessens größtes Planetarium mit modernster Full-Dome-Technik. Auf dem Sandweg messen sich ein paar von der Nässe unbeeindruckte Boule-Spieler. Auf der Terrasse mit Balustrade genießen Besucher, wenn es nicht gerade regnet, den Blick auf die Schwaneninsel und drei schnurgerade Sichtachsen, die strahlenförmig in den Park führen. In der Mitte des Teichs, großes Bassin genannt, steht der weiße klassizistische Schwanen-Tempel. Die rechte Achse verläuft längs des Hirschgrabens, ein langgezogener Teich, die linke Achse nennt sich Küchengraben. Neben der Orangerie existiert noch das Marmorbad, das letzte erhaltene spätbarocke Badegebäude Deutschlands. Landgraf Carl von Hessen-Kassel ließ es zwischen 1722 und 1728 errichten. Links von der Orangerie führt die Gustav-Mahler-Treppe hinauf zum Staatstheater und auf den Friedrichsplatz. Davon später.

Ein schmales Rinnsal pullert uns entgegen. Die Drusel wird auch Kleine Fulda genannt. Dieses „Bächlein" transportiert unter anderem die Wasser des Bergparks Wilhelmshöhe, der in Nicht-Corona-Zeiten Mittwoch und Sonntag bei seinen Wasserspielen 750 Kubikmeter Wasser 235 Höhenmeter hinab spült. Nein, es wird nicht wieder hochgepumpt, wie so viele Leute vermuten. Es fällt viel mehr in die Drusel, wird von dieser in die Fulda und weiter in die Nordsee entsorgt. Auch davon später mehr.

Zu Nicht-Coronazeiten finden in allen Bereichen des Parks Konzerte, Musical-Aufführungen, Zirkus und andere Veranstaltungen statt, unter anderem der Kasseler „Zissel", das jährliche Kasseler Volksfest am ersten Wochenende im August. Dessen Maskottchen, ein großer Hering, wird wie eine Fahne aufgezogen. Am Fulda-Ufer, in einer Partymeile mit Festzelten und Buden, feiert dann ganz Kassel. Auch das ein Corona-Opfer!

Siebenbergen

Am unteren Ende der Karlsaue liegt seit 1710 das Inselchen Siebenbergen, auch Blumeninsel genannt. Hier legte Gärtner Hentze einen kleinen botanischen Landschaftsgarten an. Die exotischen und heimischen Pflanzen, Wildpflanzen, Orchideen, Seerosen und Zierbäumen, alle akkurat mit Namensschildern ausgezeichnet, begleiten die Wege windenförmig über drei Ebenen um den Hügel. Besonders im Frühling sei das ein Meer von Blüten, hören wir. Auch jetzt, Anfang September, blühen noch besonders die Rosen und Lilien am Seeufer. Der Name Siebenbergen scheint die logische Fortsetzung von sechs künstlich in der Karlsaue angelegten Hügeln zu sein, die den Aushub der Teiche aufnahmen, wobei Siebenbergen mit rund 16 Metern die größte Höhe erreicht. Bis in die 40er Jahre konnte man die Insel romantisch nur mit einer Drahtseil-Fähre erreichen, die übers Wasser gezogen wurde. Heute führt eine weiße Brücke hinüber.

Wir haben leider nur zehn Minuten Zeit, die Insel mehr abzurennen als zu genießen, weil unser Prospekt zwar „letzter Einlass um 18 Uhr" angibt, die Beschließer des Brückentors steif und fest behaupten, der Prospekt sei fehlerhaft und um 18.00 Uhr werde das Tor verschlossen. Basta. Da reizt uns auch das kleine Café am Brückentor nicht, obwohl inzwischen die letzten Abendsonnenstrahlen malerisch die Sonnenschirme beleuchten. Ob man uns überhaupt noch bewirtet hätte? Und wo ist nur der Pfau, der auf der Insel angeblich so fleißig sein Rad schlägt?

Glück mit dem Hotel

Unser Hotel an der Lutherkirche hatten wir uns über ein Internetportal besorgt. Den Ausschlag gaben die zentrale Innenstadtlage, Parkplatz und Restaurant. Der Parkplatz, eine Baustelle, muss umständlich rund ums Karree von zwei Straßenvierteln angefahren werden. Das Mini-Restaurant, eher ein integrierter nachbarschaftlicher Imbiss, öffnet nur von 18 bis 20 Uhr. So versuchen wir, unser Glück in der Nähe zu finden. Denn zur Königsstraße, die autofreie Innenstadttransversale, sind es nur fünf Fußminuten. Zur zentralen Haltestelle „Am Stern", die von allen Straßenbahnlinien angefahren wird, können wir ohne Fernglas schauen. Theoretisch könnten wir direkt vor dem Haus an der Haltestelle Lutherplatz einsteigen. Ich klopfe mir auf die Schulter. Gut geplant.

Hotelleben mit Corona

Klar, zu Corona-Zeiten gilt, dass man das Hotel nur mit Maske betritt und sie aufbehält, wenn man sich durchs Haus bewegt, auch im Fahrstuhl, auf dem Flur und beim Betreten des Frühstücksraums. Schon beim Einchecken wurden wir gebrieft, wie gefrühstückt wird. Selbstbedienung am Buffet, selbstverständlich mit Maske! Dazu liegen gereinigte Vorlegebestecke bereit, die man anschließend in der Schale „benütztes Besteck" zurücklässt. Ich habe zwar Masken mit Reißverschluss (Haha) genäht, aber bei Tisch dürfen wir die Masken abnehmen.

Abenteuer Abendessen

Wir waren gespannt, ob wir auch ohne Reservierung in ein Restaurant eingelassen werden würden? Rund um die Martinskirche und den Martinsplatz suchen wir mit dem Handynavi einen ganz bestimmten Italiener und finden ihn aber nicht. Das Schild „Salzburger Stube" lockt uns schließlich an. Durchs Fenster sehen wir viele Tische mit wenig Menschen. Das müsste doch klappen mit dem Abstand halten? Die

Bedienung im feschen Dirndl schickt uns drei an einen Vierer-Tisch. Die Speisekarte macht Appetit. Nein, kein Kassler, aber Wildgulasch mit Pfifferlingen und Spätzle, eine nicht zu bewältigende Riesenplatte mit Backhendel und Pommes. In der Karte steht auch ein burgenländischer Zweigelt. Alles paletti. Als wir zurück zum Hotel kommen, fragen wir eher beiläufig, ob wir im Frühstücksraum noch etwas trinken könnten? Auch kein Problem. Wir bekommen einen temperierten ordentlichen Merlot und lassen den Tag ausklingen.

Der ÖPNV in Kassel

Man benötigt ganz sicher kein Auto, um Kassel zu besichtigen, vorausgesetzt, man ist gut zu Fuß. Das Liniennetz KasselPlus umfasst Busse, regionale Tram-Bahnen und sieben überregionale Straßenbahnen. Damit kann man bei-

spielsweise von der Innenstadt bis Hann. Münden, Hessisch Lichtenau, Schauenburg, Calden und nach Ahnatal am Habichtswald fahren. Die silberfarbigen Regiotrams tragen Märchennamen wie König Drosselbart oder Dornröschen

Die KasselCard, ein Kombiticket für den ÖPNV, bietet Preisermäßigungen bei Stadt- und Parkführungen. Sie gilt auch für Stadt- rundfahrten und den Eintritt in verschiedene Museen. Im Sommer 2020 kostete sie 9 Euro für 1 bis 2 Personen für 24 Stunden und 12 Euro für 72 Stunden. Uns hatte man davon abgeraten, weil alle unsere geplanten Sehens- würdigkeiten fußläufig zu erreichen waren.

Parallelen am ehemaligen Zonenrand.
Kassel erlitt im Nachkriegsdeutschland ein ähnliches Schicksal wie etwa Hof an der Saale. Zonenrandgebiet! Auch hier brauchte es Ge- duld und Ideen, um die Menschen in der Stadt halten, die Wirtschaft aufzubauen, Arbeitsplät- ze für die Arbeitslosen zu schaffen und die ge- kappten Verkehrswege neu zu denken. Wie in Hof, das die strafversetzten Münchner Beam- ten „Bayrische Sibirien" nannten, gab es auch für Kassel den Begriff „Hessisch Sibirien".

Vorwitzig war 1948 Kassels Bewerbung als

Bundeshauptstadt. Begründung: Die Stadt liege im Herzen von Deutschland. Man kann's ja mal versuchen. Kassel wächst seit 2015 wieder: Knapp 203.000 Einwohner, 23 Stadtteile, mehr als 25.000 Studenten. Kassel hat die Kulturhauptstadt-Bewerbung zurückgezogen. Chemnitz wird es 2025. Das haben die Hofer nicht geschafft, wenngleich dort 1967 die Hofer Filmtage als Kino-Festival mit internationalen Filmgrößen und Stars erfunden wurden. Tatsächlich gelingt es, auch die 54. Filmtage 2020 trotz Corona stattfinden zu lassen mit Präsenzvorführungen in zwei Filmtheatern, zwei zusätzlichen Sälen und einer On Demand-Plattform. Ich weiß noch, wie aufgeregt wir als Schulkinder waren, weil sich Roman Polanski angesagt hatte. Okay, vor langer Zeit.

Der zweite Tag

Kassels Innenstadt und die öffentliche Documenta-Kunst

Sylvia Schmelzer schließt gerade ihr Fahrrad vor dem Hotel an. Na, da kann's ja gleich losgehen. Als Erstes überqueren wir die Lutherstraße und landen am Fuße der Lutherkirche. 1897 geweiht, fiel auch sie 1943 im Bombenhagel. Allein der 78 Meter hohe Turm blieb stehen; noch heute das höchste Gebäude Kassels.

Das Kirchenschiff selbst wurde 1970 neu errichtet. Am Fuß des Turms befindet sich der alte winzige Luther-Friedhof.

Wir würden achtlos daran vorbeigehen, wüssten wir jetzt nicht, dass hier Dorothea Grimm, die Mutter der Brüder begraben liegt. Gräber von Familienmitgliedern der Grimms erkennt man an grünen kleinkindgroßen Engelchen im Stil der Romantik. Es gibt insgesamt sechs solcher Gräber in Kassel, unter anderem des Malerbruders Ludwig Emil Grimm auf dem Hauptfriedhof und eines weiteren Bruders Carl Friedrich Grimm. Ohne Grabsteine liegen hier der Sohn Jacob von Wilhelm Grimm und die Tante Henriette Philippine Zimmer, die Jacob und Wilhelm aufzog, als der Vater gestorben war.

Vor dem Glockenturm parkt ein Kombi: „Fliegende Köche by Christoph Brand". Tatsächlich veranstaltet diese Company Events im Altarraum der Lutherkirche, unter anderem sogar Trauungen mit Dinner und Kochkurse. Das Internet zeigt davon appetitliche Bilder.

Die Königsstraße

Mit rund zwei Kilometern Länge lädt die Haupteinkaufsstraße von Kassel zum Flanieren ein. Der kreisrunde Königsplatz mit ausrangierten (eine Fehlkonstruktion) Wasserspeiern teilt sie in Untere und Obere Königsstraße. Obwohl autofrei erfordert der rege Straßenbahnen-Verkehr viel Aufmerksamkeit. Schon 1877 erhielt Kassel nach Paris und Kopenhagen als dritte Stadt der Erde eine Dampfstraßenbahn;

die fuhr bis hoch zum Park Wilhelmshöhe.

Nanu Königstraße? Der Name geht zurück auf den hessischen Landgrafen Friedrich I., der 1715 die schwedische Prinzessin Ulrika Eleonora heiratete, die wiederum 1720 zu seinen Gunsten als Königin abdankte und ihn so zum Schwedischen König machte. Damals wurde die Straße mit schwedischem Granit gepflastert, der noch bis 1964 vorhanden war.

Studenten lieben Kassel

Am Ende der Königsstraße, am Holländischen Platz, beginnt direkt der Campus. Für die Studenten sehr attraktiv, bietet sie die direkte Anbindung an die Innenstadt, um die Parks und Plätze und vor allem die Karlsaue zu genießen. In vielen anderen Universitätsstädten liegt der Campus am Stadtrand, losgelöst vom Innenstadtleben. Wir trafen gestern eine Runde Studenten beim abendlichen Spikepool auf dem großen Rasenrund vor der Orangerie. Bei diesem Spiel treten zwei Teams mit je zwei Spielern gegeneinander an. In der Mitte vom Spielfeld (es gibt keine eingezeichneten Grenzen oder Linien) steht ein Trampolinartiges kleines Netz. Der kleine gelbe Spikeball muss auf das Netz geschlagen werden. Allerdings dürfen innerhalb des Teams nur drei Berührungen stattfinden, bevor der Ball wieder das Netz berühren muss. Dabei geht die Ballführung an das andere Team über, das den Ball annehmen und einen neuen Angriff aufbauen muss.

Rund um die Martinskirche

Den Begriff „Martinsviertel" benutzen nur wir. Im Internet findet sich nur „unser" Darmstädter Martinsviertel. Jedenfalls besitzt auch Kassel ein spannendes Viertel rund um die Martinskirche. Diese größte Kirche der Stadt, für die Kassler ihr „Dom", stammt aus der Mitte des 14. Jahrhunderts und bietet 1.400 Besuchern Platz. Die zwei unverwechselbaren Türme gelten neben dem Herkules-Monument als weiteres Wahrzeichen Kassels. Die fast filigranen Oberteile deuten im Stil der 50er Jahre die früheren hohen gotischen Fenster an.

Auch Sankt Martin litt, wie die gesamte Innenstadt, unter der Kriegszerstörung 1943. Wie etliche andere Gebäude zeigt sich hier der mittelalterlicher Unterbau und der zeitgemäße Aufbau im Rahmen der Stadterneuerung nach dem Krieg. Niemand kam auf die Idee, die Kirche zu rekonstruieren. Die neue Gestalt der protestantischen Kirche sollte das Prinzip der historischen Substanz bewahren und den Kriegsschaden nicht vertuschen.

Erstmals hören wir den Begriff „Kritische Rekonstruktion". Das sei typisch für Kassel, zwinkert uns Sylvia Schmelzer zu. Alles natürlich auch eine Geldfrage!

Die ungewöhnliche Zweiteilung des Hauptschiffs durch eine flexible Glaswand lässt sich in ihren unteren Teilen vollständig öffnen. Beeindruckend erstreckt sich die moderne Orgel über die gesamte Breite des Kirchenschiffs. Orgelkonzerte in Vor-Corona-Zeiten erinnern an das bedeutendste musikalische Ereignis in der Geschichte Sankt Martins im September 1732. Bei seinem Besuch auf Einladung des Kassler Stadtrats sei Johann Sebastian Bach in einer Sänfte in die Kirche getragen worden, wo er seine Dorische Toccata und Fuge d-Moll gespielt habe.

Die alte Stadtbefestigung

Messinglinien auf dem Boden signalisieren die alte Stadtbefestigung des Historischen Kassel zu der auch der Druselturm gehört. Er wurde 1415 als Teil der Stadtmauer errichtet und brannte mehrfach ab. Seinen Namen erhielt er vom Druselbach, der einst den Stadtgraben speiste und auch regelmäßig zur Spülung durch die Gassen der Altstadt geleitet wurde. Im 16. Jahrhundert schmachteten hier Gefangene, jedoch in beheizten Zellen, die Philipp der Großmütige einbauen ließ. Er hatte 1552 im Winter als Gefangener in einer niederländischen Zelle erbärmlich gefroren.

Da ist ja unser Italiener

In der Straße „An der Garnisonskirche" entdecken wir den Italiener „Il convento", den wir letzte Nacht vergeblich suchten. Ist ja nicht leicht zu finden, wenn man nicht weiß, dass er im Sockel einer zerbombten Kirche untergebracht ist. Wir nützen die Chance und reservieren für den heutigen Abend.

Bis zur Bombardierung im zweiten Weltkrieg war dies eine spätbarocke Kirche als Predigtstätte für reformierte Militärangehörige. Katharina Gottschalk, die Witwe eines hessischen Kapitäns, spendierte 1731 ihr Vermögen für den Bau der Kirche. Auch die versank im Bombenhagel in der Nacht vom 22. auf den 23. Oktober 1943. Nur das Sockelgeschoss überlebte den Angriff. In ihm befindet sich also besagtes italienisches Restaurant mit einem weitläufigen Terrassenbereich. Darunter liegen noch die Grüfte bedeutender hessischer Militärs. Schauriges Ambiente.

Markthalle

Von hier aus blicken wir zwar schon auf den Zwehrenturm. Vorher besuchen wir aber noch die Markthalle, die sich im renovierten Marstall des ehemaligen Landgrafenhofs über drei Ebenen ausbreitet. Auch die Pferde konnten früher durch verschiedene Eingänge in die einzelnen Etagen geführt werden.

Markthalle

Diese drei Eingänge der Markthalle existieren noch heute. Donnerstag, Freitag und Samstag öffnet sie um sieben Uhr. Sie erinnert ein wenig an die Kleinmarkthalle in Frankfurt, nur viel intimer und weniger international. Gerade das Regionale und die nordhessischen Spezialitäten stehen im Vordergrund an den vielen Ständen der Familienbetriebe und Landwirte. Es duftet und verlockt verführerisch nach Ahle Wurscht, Speckkuchen, Griene Soße und Weckewerk, eine würzige Restverwertung in der Art und Würzigkeit des schottischen Häggis. Und überall gibt es Probierstände. Man sitzt – natürlich mit Corona-Abstand – zusammen und lässt es sich schmecken. Statt Schlange-Anstehen bestellt man sein Gericht und wartet

Dibbenmüllerin

dann an seinem Tisch, bis über Mikrophon eine laufende Nummer ausgerufen wird. Erst dann übernimmt man das bestellte Essen am Tresen. Geht doch. Corona macht erfinderisch.

Bei einem Espresso-Päuschen erzählt uns Sylvia Schmelzer von der „Dibbenmüllerin", die im ersten Stock als Gussfigur auf einer Bank sitzt. Die „Kanalmade", entdecken wir hinterher unter einer Treppe. So nannten die Kassler abwertend den Abschaum ihrer min-

Kanalmade

derbemittelten Mitmenschen. Nicht nett. Die Ahle Wurscht bei Ralf Gauß aus Malsfeld-Dagobertshausen im Untergeschoß der Markthalle enttäuscht die Zuhausegebliebenen nicht. Einfach lecker und doch anders als die bei uns normalerweise in Südhessen angebotene Wurst. Allen Nicht-Hessen sei es hier erklärt: Die nordhessische Spezialität „Ahle Wurscht", wird aus „warmem" (schlachtfrischem) Fleisch hergestellt und dann so lange an der Luft getrocknet, bis sie „ahl" ist.

Zur Fulda

Am modernen Regierungspräsidium, wo früher das Stadtschloss stand, das 1811 in Flammen aufging, erreichen wir die Fulda. Seit 1870 verhilft die „Drahtbrücke" Fußgängern und Radfahrern über den Fluss. Bis dahin war man auf einen Flößer angewiesen.

Vor uns ragt eine gewaltig große Spitzhacke in den Himmel, klar, ein Documenta-Objekt des schwedisch-amerikanischen Pop-Art-Künstlers Claes Oldenburg. Seit der Documenta 7 im

Jahr 1982 markiert das mehr als zwölf Meter hohe Monster aus blauem Stahl das sogenannte Hiroshima-Ufer des Auedamms an der Fulda. Der Name soll an die Geschichte des Wiederaufbaus Kassels nach dem 2. Weltkrieg erinnern. Schräg gestellt sei sie, als habe sie der Herkules voller Zorn von der Wilhelmshöhe in die Karlsaue geschleudert. Hubert muss als fotografischer Größenvergleich herhalten.

Orangerie

Wir kehren zurück zur Orangerie in der Karlsaue. Auch sie war im Krieg zerstört worden und wurde erst 1981 wieder aufgebaut. Trotzdem sieht man im Inneren nichts Historisches, erzählt Sylvia Schmelzer. Hauptsächlich herrscht hier das Astronomisch-Physikalische-Kabinett mit Planetarium der Museumslandschaft Hessen Kassel.

Der Penone-Baum „Idee di Pietra"

Der hohle Bronze-Abguss eines abgestorbenen Haselnussbaumes, in dessen Krone ein drei Tonnen schwerer Findling liegt, sieht total natürlich aus. Der italienische Bildhauer Giuseppe Penone stellte ihn zur Documenta 13 (2010) auf, nachdem er damit schon 2007 Furore in Sidney erweckt hatte. Auch in Kassel stand der Bronzebaum schon lange vor der Eröffnung.

Die Leiterin der Dokumenta 13 Carolyn Christov-Bakargiev, wollte dieses Objekt als eine Hommage an Joseph Beuys' Landschaftskunstwerk „7000 Eichen", verstanden wissen. Wie bei Beuys gehe es um die Beziehung zwischen lebender und toter Materie. Penone hat diese Idee „Baum-Stein" sozusagen umgekehrt: Nicht der (lebendige) Baum dominiert den Stein zu seinen Wurzeln, sondern der wuchtige Granit beherrscht rein optisch das Objekt.

Penone wollte den hohlen Baum eigentlich durch die ganze Welt touren lassen. Die begeisterten Kassler sammelten aber begierig Spenden, damit er gekauft wurde und für immer in der Karlsaue bleiben durfte. Man findet ihn auf dem Weg zur Gustav-Mahler-Treppe. Ungläubige klopfen am Stamm. Er sieht eben sehr natürlich aus, klingt aber sehr metallisch.

Der Rosenhang

Die Rosenanpflanzung hoch zur Treppe vor uns blieb als Souvenir von der Bundesgartenschau 1955. Man bepflanzte damals einen Berg von Kriegsschutt mit den rosigen Schönheiten. Und sie blühen noch heute. Gewiefte Kassler aus der Umgebung parken hier gerne umsonst und gehen dann hoch zum Shoppen. Aber nachts sollte man sich an diesem scheinbar romantischen Ort nicht aufhalten. Es gab schon mehrere Überfälle.

Gustav-Mahler-Treppe

So heißt sie seit dem 7. Juli 1989, dem 129. Geburtstag des Komponisten, an dem in der Stadthalle noch von Ministerpräsidenten Walter Wallmann das erste Gustav-Mahler-Fest eröffnet wurde. Mahler arbeitete von 1883 bis 1885 als Hofkapellmeister in Kassel. Wir steigen also die zweigliedrige Treppe hoch und landen am Friedrichplatz. Jetzt nur nicht zu schnell gehen, denn rechts von uns steht ein weiteres Documenta-Kunstwerk:

Der Rahmenbau

Wer es nicht kennt, hält das „Gestell" aus Metall womöglich für den Rest oder Beginn einer Baustelle.

Wir besteigen die Rampe neben einem großen Rahmen und sehen an ihrem Ende auf einen kleineren, 2,80 mal 2,80 Meter großen Rahmen mit Aussicht auf die Orangerie. Ja, ein Kunstwerk zur Documenta 6 der Künstlergruppe Haus-Rucker-Co.

Die österreichische Architektur- und Künstlergruppe Haus-Rucker-Co beteiligte sich schon an der Documenta 5 im Jahr 1972. Die Initiatoren – zwei Architekten und der Maler Klaus Pinter aus Wien - fanden sich 1967 zusammen. Ihre Spezialität, Installationen im öffentlichen Raum und im Grenzbereich zwischen Kunst und Architektur, wollen zu Bewusstseinserweiterung inspirieren. Im Laufe der Jahrzehnte ging jedoch jeder der Künstler seine eigenen Wege. Die Architekten bauten Gebäude und der Maler konzentrierte sich auf seine selbstständige Malerei. 1992 erfolgte die endgültige Auflösung der Gruppe. Der Rahmenbau aber hat ihre gemeinsame Zeit überstanden.

Die Documenta als One-Night-Stand?

Aufgemerkt: Das ist nicht unsere Meinung. Die Documenta bietet ein sinnliches Erlebnis, wie ein Film. „Eine kurze Liebesaffäre, wie ein One-Night-Stand", beschrieb die südafrikanische Malerin Marlene Dumas dieses kulturelle Ereignis, das 1955 begann und mit - einigen Ausnahmen zwischen 1964 und 1972 – alle fünf Jahre stattfindet. Im ersten Jahr kamen 130.000 Besucher, 2017 drängelten sich hier knapp eine Million Menschen aus aller Welt.

Documenta findet immer in Jahren statt, deren

Jahreszahl mit 2 oder 7 endet. So kann man sich das merken. Documenta-Erfinder Arnold Bode, Maler, Architekt und Kunstprofessor, kam bereits 1950 auf die Idee, der zerstörten Stadt mit dem Image „Museum der 100 Tage" eine neue Identität zu verleihen.

Museal ist die Documenta indes ganz gewiss nicht. Zu keiner Zeit blieb sie frei von Skandalen, Aufregungen und Zerstörungen. Am ungewöhnlichsten und teuersten gestaltete sich 2007 das Weiwei-Projekt „Fairtale". Der chinesische Objekt-Künstler brachte dazu 1001 Landsleute aus einem entlegenen Bergdorf nach Kassel. Die 3,1 Millionen Euro Reisekosten übernahmen verschiedene Stiftungen.

Das Documenta-Budget erreicht inzwischen eine erhebliche Größe. Das letzte schlug mit 30.672.871 Euro zu Buche. Trotzdem oder vielleicht gerade deshalb gilt sie als eine der wichtigsten Kunstausstellungen der Welt. „Seht nicht mich an, seht euch die Bilder an!", ermahnte Theodor Heuss, Bundespräsident und Schirmherr der ersten Documenta die anwesenden Journalisten.

Wer auf der Documenta ausstellen darf, muss sich nicht bewerben; er wird dazu berufen. Am häufigsten, nämlich sieben Mal, beteiligten sich dabei Joseph Beuys und Gerhard Richter. Sie zählten – wie Weiwei und Christo – schon zu den Berühmten, als man sie einlud. Viele erlangten erst durch die Documenta Weltruhm. Aber etliche landeten danach auch wieder in der Versenkung. Und immer wieder versuchten angehende Künstler, sich als unverzichtbar darzustellen.

Documenta-Halle

1992 entworfen, dient sie zu Documenta-Zeiten zur Ausstellung von Kunstbeiträgen, die unters Dach müssen, aber auch für Kongresse und andere Ausstellungen. Ihre Benutzbarkeit mit mehreren Ebenen und der Unterhalt der Innenausstattung gelten jedoch als aufwendig und schwierig.

Der Mann im Turm

Das Bild vom Glockenturm der Elisabethkirche kennt fast jeder. Da steht seit der Documenta 13 ein Zwei-Meter-Mann auf einer Goldkugel und dreht sich auch noch. Falsch. Er hatte dort schon vorher auf Einladung der katholischen Kirche gestanden und sollte auf Wunsch der Documenta-Chefin 2012 Carolyn Christov-Bakargiev abgebaut werden. Sie empfand die Skulptur nicht als documentawürdig und außerdem fühlte sie sich von dieser Figur bedroht. Die Katholische Kirche und der Bildhauer Stephan Balkenhol weigerten sich jedoch, was zu einigem Vor-Eklat zur Documenta führte. Und so steht sie noch heute im Turm. Balkenhol, der in Kassel zur Schule ging, schenkte sie der Kirche. Seit 1992 bekleidet er die Professur der Akademie der bildenden Künste in Karlsruhe. Farbig bemalte Holzskulpturen – häufig ein Mann mit schwarzer Hose und weißem Hemd - sind sein Markenzeichen. In Rom steht seine bisher höchste Skulptur, ein sechs Meter hoher Männertorso. Der „Mann im Turm" zählt heute zu den drei wichtigsten Männern Kassels: in der Reihenfolge Herkules, Himmelsstürmer und Mann im Turm.

Der Friedrichsplatz

Der wichtigste und größte Platz in Kassel wurde selbstverständlich Landgraf Friedrich II. (1720 bis 1785) gewidmet. Vom Sockel aus lässt er seinen herrschenden Blick über das

Fridericianum fliegen. Sein italienischer Name entsprach der damaligen Mode, sich weltmännisch zu geben. Die Kassler haben ihm viel zu verdanken, vor allem den Geist der Aufklärung, die Ansiedlung von Industrien und Manufakturen, die Berufung von Künstlern und Gelehrten. Als einziger Landesfürst kehrte er zum katholischen Glauben zurück. Heimlich, schreibt man. Seine Gattin Maria aus dem Hause Hannover verzieh ihm das nicht. Sie packte ihre drei Söhne ein und verließ ihn. Friedrich sah seine Frau nie wieder, seine Söhne erst 33 Jahre später. Die Frau hatte Format!

Der Platz ist wirklich riesig. Während ich aufmerksam notiere, was mir Sylvia Schmelzer aus ihrem profunden Wissen angedeihen lässt, verliere ich fast meine Männer. Trotz Coronazeit laufen mindestens 100 Menschen über den Friedrichsplatz. Bernhard fotografiert den Landgrafen. Hubert ist irgendwo. Dass mich beide trotzdem im Auge haben, merke ich, sobald ich stehen bleibe und fragend um mich schaue. Dann sind sie schnell wieder da.

Wir schwenken retrospektiv ab zu dem TV-Dreiteiler „Der Winter, der ein Sommer war" nach dem Roman von Sandra Paretti. Darin ging es um die deutsche Beteiligung am Amerikanischen Unabhängigkeitskrieg 1776 bis 1783.

Auch Friedrich vermietete seine Soldaten dorthin. Das galt zwar als spektakulär aber damals nicht revolutionär. Schon sein Vater entsandte 1756 hessen-kasselsche Truppen nach Großbritannien, um die Insel vor einem befürchteten, aber nicht erfolgten Angriff der Franzosen zu schützen. Außer Friedrich stellten auch andere deutsche Fürsten insgesamt über 20.000 Soldaten für den Krieg in Amerika ab. Aus dieser Zeit stammt der heute noch benützte amerikanische Begriff „Hessians" für deutsche Hilfstruppen. Diese Verträge machten Friedrich zu einem der reichsten Fürsten Europas.

Das Fridericianum

Unter Friedrichs Regie entstand zwischen 1769 und 1779 das erste frei zugängliche Museum auf dem europäischen Festland, das Fridericianum. Es gilt noch immer als eines der wichtigsten Ausstellungshäuser zur Documenta und neben dem Wörlitzer Schloss als erster klassizistischer Bau Deutschlands.

Der Zwehrenturm

Das Überbleibsel der alten Stadtbefestigung Kassels, die zwischen 1767 und 1774 abgetragen wurde, gehört zu den wenigen noch erhaltenen mittelalterlichen Bauwerke Kassels und baulich mit dem Fridericianum verbunden.

Im Jahr 1330 im gotischen Stil erbaut, diente er als Stadttor in Richtung Frankfurt. Bis ins 17. Jahrhundert schmachteten im unteren Teil Häftlinge aus dem Umfeld des hessischen Hofes. Es sei trotzdem spartanisch eingerichtet gewesen, erfahren wir im Hessischen Landesmuseum, wo noch eine Folterbank aus jener Zeit die Leiden der Gefangenen ahnen lässt, wie die angebliche Wahrheit aus ihnen herausgepresst wurde. Bis 1639 durchfloss die Drusel das Tor und setzte den Befestigungsgraben unter Wasser.

Ebenfalls am Friedrichsplatz steht das Staatstheater auf Resten der alten Stadtmauer. Der Bau aus den Jahren 1955 bis 1959 ersetzte das ehemalige Preußische Hoftheater, das, wie so vieles, 1943 in Schutt und Asche fiel.

Das Ottoneum

Zwischen 1603 und 1606 wurde dieses feststehende Theater errichtet. Es gilt als eines der ersten und ältesten seiner Art nördlich der Alpen. Der Name Ottoneum erinnert an den Lieblingssohn von Landgraf Moritz. (1572 bis 1632). Landgraf Karl ließ es 1669 zum Kunsthaus umbauen. Seit 1884 beherbergt es naturkundliche Exponate speziell aus Nordhessen. Schön, dass es vom Krieg verschont blieb. Vielleicht sollten wir wiederkommen und es besichtigen, wenn uns Corona wieder reisen lässt.

Der vertikale Erdkilometer

Ein weiteres Documenta-Dokument, kann man glatt übersehen, weil man einfach drüber latschen könnte. Documenta 6, Anno 1977. Das Kunstwerk von Walter De Maria war zu seiner Zeit höchst umstritten. Eigentlich ganz normal für eine Documenta. Die einen Kilometer tiefe Bohrung, wurde mit ein Meter langen Messingstäben von fünf Zentimetern Durchmesser verfüllt. Sichtbar ist praktisch nur die obere Fläche des letzten Messingstabs, eingefasst von einer quadratischen Sandsteinplatte. Wie aus einem damaligen Zeitungsbericht zu lesen war, betrachteten die Kassler nicht den Messingstab, sondern den Entstehungsprozess,

Senkrechter Erdkilometer

also die Bohrung, als Kunstwerk. Ursprünglich wollte De Maria „das Ding" bereits 1972 zu den Olympischen Spielen installieren, was die Münchner Stadtverwaltung aber ablehnte. 750.000 Deutsche Mark habe dieser Aufwand gekostet. Es soll in Anlehnung an die naturwissenschaftlichen Intentionen von Landgraf Friedrich II. an die Vermessung des Himmels und der Erde erinnern und die Beschauer einladen, über den Platz des Menschen in der Welt nachzudenken. Wir legen eine Gedenkminute ein!

Die Fremden

Eine bunte Figurengruppe verharrt mit ihren Habseligkeiten auf dem Portal des ehemaligen Roten Palais. Das ist eines der beiden Hauptgebäude des früheren Residenzpalais, erbaut 1821 bis 1826. 1941 geriet es bei einem britischen Bombenangriff in Brand. Weil niemand Interesse zeigte, das Gebäude wieder aufzubauen, wurden die Reste an einen Kaufhauskonzern verkauft, aber das alte Portal saniert.

„Die Fremden", so heißt dieses Kunstwerk von Thomas Schütte, einem Düsseldorfer Bildhauer mit internationalen Ausstellungen. Es stammt von der Documenta 9 (1992). Inzwischen wurde es in zwei Portionen aufgeteilt. Der zweite Teil steht auf dem Dach der Musik- und Kongresshalle Lübeck.

Schnelles Päuschen

Wir überqueren die Königsstraße und genehmigen uns im Café Nenninger einen Mittagsimbiss. Typisch Kassel: lauwarmer Speckkuchen, ein Zwischending zwischen Zwiebelkuchen und Flammkuchen. Den Federweißen dazu sparen wir uns. Wir haben noch viel Weg vor uns.

Joseph Beuys und die 7.000 Eichen

Zurück zum Friedrichsplatz finden wir an einem Pavillon erklärende Fotos für das Projekt 7.000 Eichen von Joseph Beuys. Er war ja mit seinen Projekten am häufigsten auf den Documentas vertreten und hatte so etwas wie Narrenfreiheit. 1982 (Documenta 7) ließ er 7.000 Basaltblöcke keilförmig auf dem Friedrichsplatz abladen. Seine Idee war, dass man diese 500 Kilo schweren Basaltblöcke für 500 DM kaufte und zusammen mit einem Baum – nicht nur Eichen, sondern auch Ahorn, Eschen, Ginko, Linden, Platanen und Robinien – in Kassel und Umgebung pflanzte.

Beuys selbst versenkte am 16. März 1982 den ersten Baum auf dem Friedrichsplatz. Doch die Finanzierung lief nicht so, wie es sich der Künstler gedacht hatte.

Wie Geld beschaffen? Beuys schmolz die
Nachbildung einer Zarenkrone ein und goss
daraus einen goldenen Friedenshasen. Den
verkaufte er für 777.000 Mark an einen Samm-
ler. Heute kümmert sich eine Stiftung um die
Erhaltung des Natur-Kunstwerks, das Kassel

nachhaltig geprägt hat. Überall, wo ein Basaltstein neben einem Baum steht, gilt es also, einen Teil des Beuys-Kunstwerks zu würdigen. Laut Merian waren 2017 noch 6.085 Bäume vorhanden.

Die Beuys-Bäume stehen nicht nur in Kassel, sondern verschönern auch manchen privaten Garten. Heute kosten die Basalt-Stelen 350 Euro. Werden Bäume krank, werden sie ersetzt oder die Stele muss zurückgegeben werden. Im September 2020 pflanzten die Darmstädter eine Eiche zum Abschluss der Sonderausstellung „Kraftwerk Block Beuys" westlich des Messel-Baues, nicht, wie es würdevoll gewesen wäre, vor dem Hessischen Landesmuseum, weil sich darunter kein Erdreich, sondern eine Tiefgarage befindet.

Beuys (1986 verstorben) wäre begeistert; denn das Documenta-Projekt zieht noch heute Kreise. Projektmanager Lothar Müller reist durch die Lande, um weitere 64 Beuys-Eichen zu setzen – für jedes Lebensjahr des Künstlers eine. Sechs weitere Städte seien interessiert, darunter Ingolstadt und Würzburg.

Die Treppenstraße mit dem Obelisken

Wir folgen dem Documenta-Parcours weiter über Deutschlands erste Fußgängerzone. Sie überbrückt elf Höhenmeter mit Stufen, sowie speziellen Rampen für Kinderwagen und Fahrräder. Den Gipfel der Treppenstraße krönt seit 2019 der für die Documenta 14 entworfene, 16,2 Meter hohe Obelisk des nigerianisch-

amerikanischen Künstlers Olu Oguibe. Ursprünglich stand er 2017 auf dem Königsplatz. Auf dem „Fremdlinge-und-Flüchtlinge-Monument" steht an allen Seiten das eingravierte Bibel-Zitat „Ich war ein Fremdling und ihr habt mich beherbergt" in den vier Sprachen Deutsch, Arabisch, Englisch, Türkisch.

Der Kuba

Über die Rudolf-Schwander-Straße und die Kurfürstenstraße erreichen wir Kassels Kulturbahnhof (Kuba). Der ehemalige Hauptbahnhof, Mitte des 19. Jahrhunderts im Stil des Spätklassizismus errichtet, gehörte auch zu den Bombenopfern und wurde bis 1960 im Stil der 50er Jahre wieder aufgebaut. Anfang der 90er Jahre löste ihn der ICE-Bahnhof Wilhelmshöhe als Fernverkehrsstation ab.

Seit 1995 wird er als multimediale Kulturstätte betrieben. Die ehemalige Schalterhalle verwandelte sich in eine Ausstellungshalle. Auf Gleis 1 entstanden ein gleichnamiges Restaurant, eine Bar, Livebühne und Diskothek. Die beiden komfortablen BALI-Kinos, sogenannte Arthouse-Kinos mit modernster Technik, verfügen über eine Riesenleinwand mit 5,20 mal 12 Meter und höchsten Multiplex-Standard.

Die integrierte Caricatura-Galerie für Komische Kunst, Schauplatz erfolgreicher Ausstellungen und Veranstaltungen zu Karikatur, Cartoon, Kritik und Komik, gehört zu einer der ersten Adressen Deutschlands für Satire. Der Südflügel, das Postumschlagsgebäude, wurde für die Documenta 10/1997 umgebaut. Hier finden große Konferenzen, Kunstausstellungen und Workshops statt.

Der Himmelsstürmer

Seit Eröffnung des Kuba turnt auf dem Bahn-hofs-Vorplatz der monumentale Sympathieträ-ger der Documenta 9, Jonathan Borofskys

„Man walking to the sky". Der Himmelsstür-mer balanciert auf einem knapp 25 Meter ho-hen Stahlrohr in die Wolken über dem Kuba.

Kleiner Kopfsprung gefällig? Dann drehen Sie bitte mal dem Bahnhof den Rücken und schauen nach oben. Selbst viele Kassler entdeckten noch nicht das Ein-Meter-Sprungbrett auf dem Dach des benachbarten Hotels Reiss. In den 50er Jahren tanzten hier Marika Rökk, Heinz Rühmann und Hildegard Knef; gesprungen ist aber noch niemand.

Herkules und der Obelisk

Nein, diesmal kein Documenta-Kunstwerk, sondern sogenannte Kunst im öffentlichen Raum. Den Herkules mit dem Obelisken vor der ehemaligen Landeszentralbank (LZB) schuf der tschechoslowakische Bildhauer Ivan Theimer 1988 in Lucca. Beim Umzug der LZB nach Frankfurt, blieb der Herkules selbstverständlich in Kassel.

Das Stadtmuseum am Ständeplatz

Erst 1978 beschloss der Verein für hessische Geschichte und Landeskunde die Einrichtung eines Stadtmuseums im ehemaligen historischen Kulturhaus am Ständeplatz. Bis auf die Außenfassade versank es im zweiten Weltkrieg ebenfalls im Bombenhagel. Der Wiederaufbau

in den 50er Jahren steht jetzt unter Denkmal-
schutz. Die Kernsanierung von 2010 bis 2016
und der Anbau des Geschichtsturms passte das
Gebäude an die Bedürfnisse eines modernen
Museums. Wir müssen mal wiederkommen,
um mehr über Kassels Stadtgeschichte zu erfahren. Von der Terrasse der vierten Etage des
Geschichtsturms soll man einen fantastischen
Blick auf Kassel haben. Das Stadtmuseum bietet als einziges Museum ein kleines Kino (für
zwölf Personen, also vermutlich nur für sechs
während Corona) mit Filmen zur Stadtgeschichte an. Über die Wilhelmstraße erreichen
wir auf der Frankfurter Straße ein achteckiges
barockes Kirchlein.

Die Karlskirche.

1710 eingeweiht, diente sie ursprünglich als
Kultort der hugenottischen Glaubensflüchtlin-
ge. 1943 fiel sie im Bombenhagel und erfuhr
danach nur eine sehr vereinfachte Restaurie-
rung. Ein Carillon mit 47 Glocken spielt ab
und zu auch weltliche Melodien.

Die Hugenotten in Kassel

Karl I. von Hessen-Kassel (1671-1730) bot den
verfolgten Protestanten aus Frankreich ein reli-
giöses Zuhause an. Seine Einladung richtete
sich besonders an Neubürger, die eine Manu-

faktur oder einen Handwerksbetrieb gründen wollten. Im Edikt vom 18. April 1685 gewährte der Landgraf den ‚Refugiés', die sich in seinem Land niederlassen wollten, Freiheiten und Konzessionen; insbesondere erteilte er ihnen die Erlaubnis, ihre eigene Rechtsprechung aus-zuüben.

Rund 4.000 Personen suchen Zuflucht in Hessen. Es handelt sich hier um die zweitgrößte hugenottische Gemeinde nach der in Brandenburg. Um sie aufnehmen zu können, werden die zwei Städte: Oberneustadt in Kassel und Karlshafen gegründet. Im Verlauf von drei weiteren Einwanderungswellen entstehen insgesamt 27 Ansiedlungen, meist schlichte Straßendörfer. Die Hugenotten halten Wort; sie gründen Betriebe der Seidenindustrie sowie Manufakturen für Handschuhe, Leinen und Glas. Auf dem Lande widmen sie sich dem Ackerbau und gehen geschickt mit Wolle um. Der Landgraf gestattet ihnen, die französische Sprache weiterzuverwenden.

Wie auch in Neu-Isenburg baute man um 1700 für die hugenottischen Neubürger ein quadratisches Stadtviertel – die Oberneustadt - auf dem Gebiet des heutigen Rathauses zwischen Frankfurter und Königsstraße beziehungsweise rund um den heutigen Karlsplatz. Die Architektur selbst brachten die hugenottischen Flüchtlinge mit. Namentlich die Familie du Ry wirkte in Kassel, vom Großvater, über den Vater bis hin zum Enkel Simon Louis du Ry; ein Familienname, den man in Kassel im Zusammenhang mit Architektur häufig liest.

Das Rathaus

Früher gab es in fast allen Stadtteilen ein eigenes Rathaus. Den Architekturwettbewerb für die zentrale Lage an der Oberen Königsstraße gewann 1901/1902 der vielbeschäftigte Darmstädter Karl Roth. Wenige Monate zuvor hatte er auch den Zuschlag für das Dresdner Rathaus erhalten. 1905 endlich konnte das neue Rathaus im Stil des Neubarock gebaut werden, stilistisch in Anlehnung an die französisch geprägte Oberneustadt der Hugenotten, die sich hier anschloss. Schon damals flankierten zwei vergoldete hessische Löwen die Freitreppe. Nur über den Turm konnten sich die Ratsleute damals nicht einigen; deshalb wurde er erst nachträglich aufgesetzt.

Der 2. Weltkrieg beschädigte nicht nur das Rathaus stark, sondern zerstörte seine hugenottische Umgebung total. Der Wiederaufbau verlief aus Kostengründen etwas schlichter, wobei moderne Anbauten hinzugefügt wurden.

Den Begriff „Kritische Rekonstruktion" hören wir immer wieder. Über dem Hauptportal prangt das Stadtwappen: In Blau ein silberner Schrägbalken, oben begleitet von sechs und unten von sieben schräggestellten, silbernen Kleeblättern. Die Kleeblätter als Stadtzeichen sind schon seit dem 14. Jahrhundert bekannt. Warum es ausgerechnet 13 sind, weiß niemand genau. Eine Deutung meint, dass der silberne Schrägbalken die Fulda symbolisiere und die Kleeblätter die Ratsherren auf der jeweiligen Flussseite. Den Schülern brachte man früher bei, dass die Kleeblätter eigentlich Fischerhäuser seien. Kassels Stadtfarben leuchten heute in Blau und Weiß.

Ein exaktes Gründungsdatum von Kassel kennt offensichtlich niemand. Kassel pflegt Partnerschaften mit elf Städten, unter anderem Florenz, wie wir vor einem Jahr dort hörten. Kassel gehört zum Bund der europäischen Napoleonstädte. Diese derzeit 60 Städte wurden in ihrer Geschichte in der Zeit von Napoleon Bonaparte bis Napoléon III. geprägt, siehe auch Seite 4 "Ab nach Kassel".

Aschrottbrunnen

Die Brunnenanlage Aschrottbrunnen vor dem Rathaus wird auch „Schandwunde" genannt. Ursprünglich stand hier ein monumentaler Brunnen, der 1908 von dem Rathaus-Architekten Karl Roth entworfen und vom jüdischen Industriellen Sigmund Aschrott gestiftet wurde. Es handelte sich um eine Kathedralen-ähnliche zwölf Meter hohe Form im Stil der Renaissance mit floralen Ornamenten und vier Wasser speienden Widderköpfen. In der NS-Zeit wurde dieser Brunnen als „Juden-brunnen" diffamiert und schließlich 1939 zer-schlagen.

Bis 1987 dümpelte dieser denkwürdige Ort als belangloses Blumenbeet mit einem Spring-brunnen dahin. Es mussten also 48 Jahre ver-gehen, bis man eine Idee zur Wiedergutma-chung für die verstümmelte Anlage und eine würdige Ehrung fand. Der Kassler Künstler Horst Hoheisel schuf den ehemaligen Aschrottbrunnen nach alten Aufzeichnungen neu und versenkte seine Negativform in die Tiefe des Bodens. Man kann oder muss nun zwölf Meter in die Tiefe schauen, um dieses Mahnmal zu würdigen. Manchen Leuten soll auf dem Gitter über dem Loch schon schwin-delig geworden sein. Entwurfsskizzen, Colla-gen und Fotografien liegen heute in der Samm-lung der Gedenkstätte Yad Vashem in Jerusa-lem.

Nur wenige Fußminuten benötigen wir bis zum Brüder-Grimm-Platz, mit dem gelben Landes-museum im Stil der Gründerzeit und dem En-de der Königsstraße. Hier, wo Kassel einst aufhörte und die Wilhelmshöher Allee beginnt, stehen die beiden Brüder überlebensgroß auf dem Sockel. Die zwei Torhäuser begrenzten ehemals die Stadt an der Ausfahrt zur Wilhelmshöhe. Im rechten, dem nördlichen, wohnten Jacob und Wilhelm mit ihrer Schwester Charlotte von 1814 bis 1822. Das haben wir bereits bei den Grimms ab Seite 7 beschrieben. Über die Weinbergstraße kehren wir zurück zur Frankfurter Straße.

Die Neue Galerie

Schöne Aussicht, die Adresse der „Neuen Ga-

lerie" beschreibt treffend den weiten Blick über die Karlsaue. Heinrich von Dehn-Rotfelser, plante dieses Gebäude nach dem Vorbild der „Alten Pinakothek" in München. Eröffnet wurde es nach sechs Jahren Bauzeit 1877. Die roten Sandstein-Bausteine wurden ursprünglich für den Bau des Stadtschlosses gekauft.

Ausstellungshöhepunkt der Gemäldegalerie

war die Sammlung der niederländischen Alten Meister, Arbeiten von Malern wie Rembrandt, Paulus Potter, und Philips Wouwerman. Die Bedeutung dieser Sammlung erläuterte Oskar Eisenmann, bis 1908 königlicher Galeriedirektor und Sammlungsleiter, den Besuchern.

Während der napoleonischen Besatzung, zu Beginn des 19. Jahrhunderts, gerieten zahlreiche Kasseler Gemälde an den Hof von Alexander, dem Zaren von Russland und damit in die Eremitage von Sankt Petersburg.

Trotzdem blieb der „Ruhm der Galerie" an niederländischen Meistern des 17. Jahrhunderts nebst Dresden und München die reichste Deutschlands zu sein, unbestritten. Was Rembrandt anbelangt, so überragte sie sogar an Zahl und Wert der Werke dieses größten Malers alle Sammlungen der Welt mit Ausnahme der Eremitage zu Petersburg. Im Herbst 1943 zerstörten Brandbomben das Innere des Galeriegebäudes durch Feuer.

Nach dem große Erfolg der ersten und zweiten documenta (1955) (1959) suchte 1961 der documenta-Initiator Arnold Bode nach zusätzlichen Räumen für seine geplante nächste Ausstellung.

Erich Herzog, der Direktor der Staatlichen

Kunstsammlungen Kassel, wies Bode auf das zerstörte Galeriegebäude hin. Der Mittelbau und der Westpavillon sei mit vergleichsweise geringen Mitteln instand zu setzen. In provisorisch hergerichteten Räumen wurde 1964 ein Teil der documenta III präsentiert. Das löste die eigentliche Umbauplanung ab 1965 aus.

Im Jahr 2006 wurde die Neue Galerie geschlossen, vollständig leergeräumt und die Sammlung magaziniert. Das zwischenzeitlich leerstehende Gebäude diente 2007 für 100 Tage mit seiner kompletten Fläche von 29.000 Quadratmetern, in beiden Obergeschossen und im Untergeschoss als einer der zentralen Ausstellungsorte der Documenta 12. Gezeigt wurden die Arbeiten von 34 Künstlern. Anschließend begannen die Sanierungs- und Umbaumaßnahmen bis zum November 2011.

Heute befinden sich hier die staatlichen und städtischen Kunstsammlungen, aber auch moderne Gemälde und Skulpturen von 1800 bis in die Gegenwart. Der Fokus liegt aktuell auf der Malerei des 19. Jahrhunderts, Bildern und Objekten der 1950er bis 1980er Jahre sowie auf Kunstwerken der vergangenen Documenta-Ausstellungen.

Dieses interessante Museum heben wir uns für einen weiteren Besuch der Stadt auf.

Der Granitblock

Gleich links neben der Neuen Galerie verlangt der „Granitblock" von Ulrich Rückriem unsere Aufmerksamkeit. Aufgestellt 1982 anlässlich der Documenta 7, wurde der 330 mal 180 mal 100 Zentimeter große Block in drei Teile gespalten und der mittlere Teil in vier Teile ge-

schnitten. Frei nach Goethe – man sieht nur, was man weiß – versucht Bernhard, den Block zu fotografieren. Gar nicht so einfach, denn der untere Teil verschwindet als Fundament in der Erde. Rückriems Umgang mit dem Granitblock soll Bildhauerei zeigen, die ihr Material nicht zerstört. Aha! Weiter zur Königstraße.

Sylvia Schmelzer zeigt uns die glitzernde Fassade des Saturn-Kaufhauses am Königsplatz. Was wie ein industriell gefertigtes Metallmuster aussieht, besteht in Wirklichkeit aus Millionen von Negativbildchen. Wir begreifen das erst, als wir im Kaufhaus am gläsernen Info-Counter einige dieser Bilder als Muster sehen.

Königsplatz

Wir schlendern zum Königsplatz und genehmigen uns einen Espresso. An dem warmen Frühabend genießen viele Menschen die letzten Sonnenstunden in den Straßencafés. Der kreisrunde Platz trennt die Obere von der Unteren Königsstraße und wird von der Straßenbahn zentral gekreuzt. Auf diesen Mittelpunkt mün-

den sechs Straßen. Seit 2005 umringen 36 Wasserspeier aus Bronze den Platz, jedoch mit verschlossenen Auslässen. Sie waren eine Fehlkonstruktion. Wie wir erfahren, sind diese formschönen Schwanenhälse jetzt nach 15 Jahren inzwischen mit komplett neuer Technik wieder in Betrieb.

Der dritte Tag

Bergpark Wilhelmshöhe

Der Bergpark war der eigentliche Anlass, Kassel zu besuchen. Und so geht es auch vielen unserer Freunde, für die Kassel nur aus Documenta, Grimm Welten und Bergpark zu bestehen scheint. Wir hoffen, wir können mit diesem Büchlein ein paar weitere Gründe vermitteln, diese nordhessische Metropole zu besuchen. Also auf zum Höhepunkt!

Der Landschaftsgarten am Hang des Naturparks Habichtswald, mit 246 Hektar größter Bergpark Europas, gilt als einzigartiges Kulturdenkmal. Er steht erst seit 2013 in der UNESCO-Liste des Weltkulturerbes. So spät, weil Kassel vor lauter Wasserspielen gar keine Zeit dazu hatte, ihn anzumelden. Schließlich schaufelten die auch ohne UNESCO-Ehrung vom 1. Mai bis 3. Oktober an jedem Mittwoch- und Sonntagnachmittag sowie an den Feiertagen Unmengen an Besuchern heran. Dazu brauchte es kaum Werbung.

Ein weltweit bekanntes Spektakel

Die Idee zu diesem Schauspiel entstand vor sage und schreibe über 325 Jahren. Der damalige Landgraf Karl von Hessen-Kassel ersann dieses gigantische System aus Wasser, Schwerkraft und Natur, natürlich um großspurig zu protzen. Heute bezeichnete man es etwas schlichter als „absolutistische Architektur."

Alle seine Nachfolger, zuletzt sein Urenkel Landgraf Wilhelm IX., führten dieses einzigartige Beispiel für Landschaftskunst zu einem Schauspiel aus Natur, Fantasie, Abenteuerlust, Sehnsucht und Philosophie. Karl wollte der Welt beweisen, dass er einen Fluss auf der Spitze eines Berges entspringen lassen könne und dass er so viel Geld besaß, um Wasser nach seiner Choreographie zum Tanzen zu bringen. Sein Wunsch, den Besuchern die Sinne zu betören, gelang ihm uneingeschränkt. In Paris und anderen europäischen Städten zerriss man sich das Maul über Karls Gigantomanie. Genau das war seine Absicht.

Corona macht uns einen Strich durch die Rechnung. Nein, es liegt nicht am trocknen Sommer, sondern einzig daran, dass in der Regel bis zu zehntausend Menschen zu einem einzigen Wasserspektakel in den Park kommen und dicht gedrängt an den einzelnen Stationen stehen, um den rauschenden Wassern zuzusehen. Das kann man auch mit Mund-Nasen-Masken und anderthalb Metern Abstand nicht realisieren. Also wurden die Wasserspiele für

2020 erst mal abgesagt. Trotzdem machen wir uns auf den Weg und sehen vermutlich mehr, als wenn wir mit den Menschenmassen von oben nach unten stürmen würden. Schaumermal.

Ab Haltestelle „Am Stern" geht es alle 20 bis 25 Minuten mit der Straßenbahn 4 in Richtung Druseltal. Sie benötigt für die 21 Stationen eine halbe Stunde. Am Ausstieg Druseltal bringt uns der Niederflurbus Nr. 22 bis hoch zum Herkules. Fahrzeit insgesamt etwa 45 Minuten. Das ziemlich leere Besucherzentrum wirkt trostlos. Nach dem Desinfizieren am Eingang dürfen wir uns nur in eine Richtung fortbewegen, Einbahnverkehr! Die Projektionsfläche im oberen Besucherraum bleibt leer. Filme gibt es nicht. Für wen auch? Also laufen wir brav das Angebot an Souvenirs aus Büchern, Schals und Wollmützen ab. Hin- und Herlaufen ist während Corona nicht erlaubt. An der Kasse erstehe ich fünf Herkules-Pralinen für besondere Momente. Vom Besucherzentrum sind es nur wenige Gehminuten hoch zum Herkules. Wir sind etwas zu früh da und nutzen die Zeit, uns schon mal mit der Umgebung vertraut zu machen. Es gibt nichts Geheimnisvolles zu sehen. Ein paar Teiche, ein Gewächshaus, ein altes Gartenhaus. Hier irgendwo müssen doch die großen Wasserspeicher sein, die das Spektakel speisen. Gibt es Röhren, Tunnel, Hebewerke, versteckte Schieber?

Sylvia Schmelzer kommt hinzu. Sie wird uns Dinge zeigen, die sonst kein Besucher sieht, weil sie ja normalerweise von einem Wasserspektakel zum nächsten eilen, um einen möglichst guten Platz zum Fotografieren zu erhaschen. Jetzt begegnen uns nur wenige Gruppen. Die gestoppten Wasserspiele portionieren die Besucher eben nach den Fotofreaks und nach Naturfreunden, denen der Bergpark auch ohne Wasser ein großartiges Naturerlebnis bedeutet.

Der Herkules

Über acht Meter hoch erhebt sich das Abbild des griechischen Halbgottes Herakles auf einer Pyramide. Sie bildet die Spitze auf einem gigantischen achteckigen Sockel, dem Oktogon, aus vulkanischem Stein. Der Koloss stützt sich auf seine 3,50 Meter lange Keule. 5,50 Meter beträgt sein Brustumfang, jeder einzelne Fuß misst 1,20 Meter. In der rechten Hand hält er hinter seinem Rücken drei Äpfel.

14 Steinbrüche in der Umgebung wurden für das gesamte Projekt Bergpark – immerhin die größte barocke Kaskadenanlage der Welt - aus-

geräubert. Herkules und auch das Oktogon müssen, wie man an verschiedenen Stellen sieht, ständig ausgebessert werden. Weil inzwischen alle Steinbrüche geplündert sind, entwickelte die Uni Kassel einen synthetischen Stein. Er ist nur eine Idee heller. Am Sockel des Oktogon kann man den Unterschied sehen. In seinen Nischen standen ehemals Holzfiguren, die vermutlich irgendwann aus Not verheizt wurden.

Palazzo Farnese in Rom

Die Idee des Herkules entstammt einer italienischen Reise. Unter anderem sah Karl in Rom im Palast der Familie Farnese am Campo di Fiori die antike Marmorskulptur des Herkules, allerdings nur 3,17 Meter hoch. Das war Karl nicht gigantisch genug. Der Kasseler Herkules konnte wegen des zu erwartenden Gewichts weder aus Stein gemeißelt noch aus Bronze gegossen sein. Der Augsburger Goldschmied Johann Jacob Antoni schuf die Figur sozusagen in Leichtbauweise. Eine nur 2,5 Millimeter starke Kupferschicht mit anatomischen Feinheiten wie Fingernägeln, Adern und Haarlocken umhüllt ein fast filigranes Metallskelett.

Spurlos gingen die Jahrhunderte am Herkules nicht vorbei. 1761 im Siebenjährigen Krieg ballerten französische und englische Soldaten aufeinander und durchlöcherten auch den Herkules. 1801 traf ihn gar der Blitz. Im Jahr 1900 verfügte Kaiser Wilhelm II. persönlich eine Generalüberholung. 1951 war die nächste „Großoperation" fällig; mit mäßigem Erfolg. Um ihn noch fester in der Pyramide zu verankern, erhielt er 2008 ein zusätzliches Korsett aus Edelstahlstäben. Immerhin musste und muss er immer wieder Windgeschwindigkeiten bis zu 160 Stundenkilometern Stand halten.

Nein, auf den Herkules wollen wir nicht steigen. In 28,5 Metern Höhe gibt es zwar eine Besucherplattform. Aber das Wetter ist ein wenig trübe. Sehr feiner Nieselregen hinterlässt zwar nicht viel Spuren in der Frisur, aber doch einen lästigen, feuchten Hauch auf der Haut. Wir hätten heute keine besonders gute Aussicht, auch wenn wir auf einer Höhe von 525 Metern über Normalnull stehen. Wir sind schon froh, dass wir die Sichtachse bis hinunter zu Schloss Wilhelmshöhe und die lange Wilhelmhöher Allee nach Kassel verfolgen können. Ein beeindruckender Blick. So hatte sich das Landgraf Karl wohl vorgestellt.

Woher kommt das Wasser?

Uneingeweihte Besucher, das sind die meisten, vermuten ein riesiges Pumpwerk, das nach jeder Vorstellung das Wasser wieder auf den Berg pumpt. Zu der Zeit, als Karl sich den Park erdachte, gab es aber noch keine Pumpen. Mit einem ausgeklügelten System aus Sammelbecken, Röhren und Stollen führen die Wassermeister die Wasserströme an den gewünschten Stellen zusammen. Heute, wie schon im Barock, sammeln sich in den Wintermonaten riesige Wassermengen im Vorwerk-Sichelbach-Wasserreservoir. Dieser große tiefe Teich fasst mehr als 40.000 Kubikmeter. Aus ökologischen Gründen, damit der Teich „lebt", werden davon aber nur etwa 20.000 Kubikmeter genutzt. Rein rechnerisch fließen bei jedem der durchschnittlich 60 Events im Jahr jeweils 300 Kubikmeter aus diesem einen Reservoir. Sammelgräben und Stollen dienen als weitere Wasserquellen. Insgesamt werden pro Event jeweils etwa 750 Kubikmeter Wasser benötigt. 300 Kubikmeter für 30 Minuten barocke Wasserkunst aus Niederschlagswasser, danach die romantische Wasserkunst mit 300 Kubikmetern aus dem Druselbach samt Stollenentwässerung und noch etwa 50 Kubikmeter zusätzlich aus dem Tichelchen, ein Extra-Sammelbecken für die Inszenierung des Aquädukts.

Von den circa 700 Kubikmeter Wasser, die im Fontänenreservoir ankommen, benötigt die voluminöseste Fontäne der Welt etwa 200 Kubikmeter, so dass noch etwa 500 Kubikmeter unter der Teufelsbrücke hinabfallen. An den Peneus-Kaskaden unter dem Aquädukt stehen dann mit dem zusätzlichen Tichelchenwasser also 550 Kubikmeter zur Verfügung,

Kommen durch Feiertage mehr als die 60 geplanten Termine zusammen, wird an den jeweiligen Wassermengen ein wenig gespart; das merkt niemand, außer den sechs Wassermeistern, die während jedem Wasserspiel unterwegs sind. Man erkennt sie an oranger Kleidung. Sie führen die Regie und bedienen die Schieber und Flutventile minutengenau von Hand.

Der Weg des Wassers

Wir steigen eine hufeisenförmigen Treppe nach unten und landen in einer grottenähnlichen Bühne. Im Wasser eines kleinen Sees spiegeln sich ein Zentaur und ein junger Gott. Lautes Tröten aus ihren vermeintlichen Fanfaren jeweils um 14.30 Uhr künden den Beginn der Wasserspiele an. Wir haben aber Vormittag und leider Corona-Time. Also bleibt Zeit, um die Grotte zu inspizieren. Landgraf Karl überraschte seine Besucher mit verschiedenen Einrichtungen. Eine Wasserorgel spielt für vier Euro. Ein Automat bespritzt die Anwesenden mit Wasser. Wir unterlassen solche Spielchen

an diesem kühlen und feuchten Vormittag.

Wir steigen die Kaskadenanlage hinunter. Es soll 20 Jahre gedauert haben, bis hier zum ersten Mal Wasser herunterlaufen konnte. Weil Herkules in der Sage drei Flüsse umleitete, gibt es auch drei Kaskadenbahnen, über die das Wasser, unterbrochen von drei ovalen Wasserbecken, nach unten fließt. Gut 800 Stufen verteilen sich rechts und links. Und darauf drängeln sich normalerweise unendlich viele Menschen. Von Station zu Station wird das Wasser jeweils etwa zehn Minuten aufgestaut bis sich alle Zuschauer nach unten berappelt haben und wieder mit der Kamera bereitstehen.

Besonderes Augenmerk sollen wir auf die Treppenstufen legen, rät uns Sylvia Schmelzer. Sie sind so flach gehauen, dass sie von Kutschpferden bewältigt werden konnten, die aus dem seitlichen Wald kamen. Denn der Landgraf ließ zwar seine Hofbediensteten als Komparsen in bunten Gewändern die Anlage rauf und runterlaufen; er selbst ließ sich jedoch stets fahren, berichten die Archive. Für die Besucher erscheint diese Stufenhöhe eher ungewohnt. Vorsicht: Stolperfalle!

Ein künstlicher Steinbruch

Für den Steinhöfer Wasserfall, der normalerweise um 15.05 Uhr sprudelt und von der Drusel „bespielt" wird, erweckt eine 1794 künstliche errichtet Steinwand den Anschein eines Steinbruchs. An der vierten Station, der Teufelsbrücke, öffnen sich die  Schieber um 15.20 Uhr, damit das Wasser in den zehn Meter tieferen Höllenteich hinabrauscht. Der Teich ist so angelegt, dass sich der

Herkules darin spiegelt. Die Teufelsbrücke soll zwar eine Ähnlichkeit mit der in der Schweiz über die Reuss haben. Wer dort schon einmal war, für den hinkt der Vergleich. Die gusseiserne Brücke stammt aus der Eisenbahn-Werkstatt der Henschels. Ein nobles Geschenk.

Wir wandern weiter durch dieses begehbare Landschaftsgemälde. Zwischendurch gibt der Wald den Blick frei auf die Löwenburg, wo sich der Landgraf mit seinen Mätressen verlustierte. Die besuchen wir noch. Überhaupt: Man muss nicht von oben nach unten steigen; viele Wege führen durch den Wald rechts und links in den Bergpark. Dank des kostenlosen Eintritts, kann man zu jeder Zeit die Wanderwege benützen und sich die Anlage von den verschiedenen Aussichtspunkten selbst erobern. Für Kassler eine Selbstverständlichkeit.

Das Aquädukt

Nein, es braucht keine Wasserspiele, um dieses natürliche Kunstwerk attraktiv zu finden. Vor allem wird man nicht vom Wasserspiel gehetzt und kann seinem eigenen Rhythmus folgen.

Die Nachahmung einer römischen Wasserleitung endet hier so abrupt wie 2018 die Autobahnbrücke über Genua. Natürlich fordert es die Vorstel-

lungskraft schon erheblich, den höchsten künstlichen Wasserfall ins Bild „zu denken".

Um 15.30 Uhr fällt hier also das Wasser über die Abbruchkante 28 Meter in die Tiefe und dann über dic Pcneus-Kaskaden, benannt nach dem Flussgott der griechischen Mythologie.

Kaskade mit Jussow-Tempel

Ausgedacht und gestaltet hat das Heinrich Christoph Jussow (1754 bis 1825), klassizistischer Architekt und Gartengestalter und seines

Zeichens sehr geschätzter Hofbaumeister in jener Zeit, von der wir noch mehr hören werden. Auch die Teufelsbrücke und der Höllenteich entspringen seiner Fantasie.

Wieder staut sich das Wasser auf versteckte Art, bis es um 15.45 Uhr zum krönenden Abschluss als 52 Meter hohe Fontäne immerhin 20 Minuten lang im sogenannten Fontänenteich landet. 235 Höhenmeter hat es portionsweise ab dem Herkules zurückgelegt. Nun endlich darf es gemäßigt über kleine Wasserfälle zum Schlossteich, dem „Lac" fließen.

Die Löwenburg

Sie ist nicht so alt, wie sie aussieht. Das Abbild einer romantischen halbverfallenen Ritterburg als pseudomittelalterliche Burgruine stammt aus der Zeit zwischen 1793 und 1801. Landgraf Wilhelm IX. ließ die Anlage als erdachten

Stammsitz seines Herrschergeschlechts, aber explizit als Lustschloss (Maison de plaisance) von seinem Hofbaumeister Heinrich Christoph Jussow erbauen. Auch ein kleines Tempelchen am Fontänenteich stammt von Jussow. Weil ständig etwas eingerüstet und renoviert wird kann man die Löwenburg nur selten ganz besichtigen. Neben fürstlichen Wohnappartements, die als intimer Rückzugsort des Landgrafs mit seiner Mätresse dienten, sind noch eine Rüstkammer und eine neogotische Burgkapelle vorhanden. In der Gruft unter der Kapelle fand der Burgherr seine letzte Ruhestätte. Das hatte er schon zu Lebzeiten so bestimmt.

Im Bombenhagel des Zweiten Weltkriegs erfuhr die künstliche Ruine traurige Realität. Der Bergfried war total zerstört. Die Innenausstattung wurde rechtzeitig ausgelagert und blieb so weitgehend erhalten. Erst 2005 begann die umfangreiche Grundinstandsetzung, die Zerstörtes rekonstruiert und erneuert.

Vor dem Tor sitzt ein Straßenmusikant und schlägt mit tief ins Gesicht gezogenem Hut die Klampfe. Nur wenig Eurostücke liegen an jenem Vormittag in seinem Instrumentenkasten. Auch er ein Opfer der nachlassenden Touristenströme.

Rund um die Ruine kann man den altertümlich

wirkenden Burggarten ablaufen. Im Linden-wald stoßen wir auf seltsame Gestalten: Con-nichi! Auch bedauernswerte Corona-Opfer. Diese Fans und Darsteller einer japanischen Comicserie, treffen sich jährlich im September in Kassel. Mit schrägen Outfits, fantasievollen Kostümen, gefärbten Haaren, aufgeklebten Hörnern und farbigen Kontaktlinsen küren sie normalerweise das beste Outfit auf den Stufen der Stadthalle. Aber diese Figuren hier hat es ausgerechnet in den Bergpark verschlagen. Da passen sie aber auch hin.

Wer gut zu Fuß ist, kann den Weg zum Schloss Wilhelmshöhe über eine steile Felsentreppe durch die Wolfsschlucht wählen. Keine Sorge: Hier schwappt kein Wasser, wie es einmal ge-dacht war. Zu kompliziert, befanden die Bera-ter der Landgrafen. Weil wir den direkten Weg zum Schloss nehmen, versäumen wir das Dorf Mulang im chinesischen Stil. Das war im 18. Jahrhundert besonders schick. Landgraf Fried-rich II. spielte hier die ländliche Variante; er ließ dort Korn mahlen, Milchvieh hüten und Käse herstellen. In einem früheren Hirtenhäus-chen kann man heute sogar nächtigen.

Blick zum Herkules von Schloss Wilhelmshöhe

Schloss Wilhelmshöhe

Von etlichen Stellen auf dem Weg des Wassers fällt immer wieder der Blick auf das Schloss. Karls Urenkel ließ ab 1786 das 1606 erbaute bescheidenere Schlösschen als imposante dreiteilige Anlage erweitern. Nur ihr rechter Teil, der sogenannte Weißensteinflügel, überstand das Bombardement des Krieges einigermaßen unbeschadet. Der Rest wurde in den 70er Jahren rekonstruiert. Heute befinden sich darin die Gemäldegalerie Alter Meister, eine Antikensammlung, eine Graphische Sammlung, das Schlossmuseum und eine wissenschaftliche Präsenzbibliothek. Das Schloss gehört zwar zum Gesamtkunstwerk Bergpark, aber es wäre mental zu viel gewesen, den Geist nach den Parkeindrücken noch mit Kunst und Geschichte zu füttern. Also: Wiederkommen. Auch, um das Große Gewächshaus zu sehen. An der Stelle des früheren Schlosshotels aus 1827 steht heute ein modernes Hotel aus 1955.

Wir genehmigen uns einen Imbiss im Museumscafé Jérome und beschließen damit den Besuch des Bergparks. Die Tram 1 bringt uns zurück nach Kassel.

Am Abreisetag widmen wir unsere letzten Kassel-Stunden den Toten.

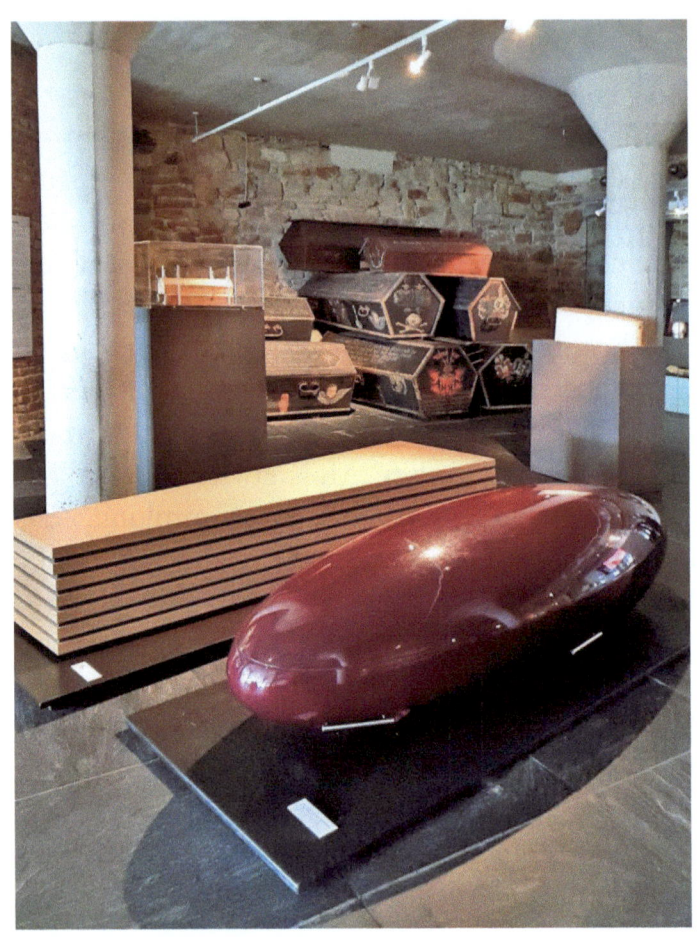

Museum für Sepulkralkultur

Das Museum für Sepulkralkultur, der Kultur des Sterbens, des Todes, liegt gleich neben der Grimmwelt und auf dem Fundament der ehemaligen Villen der Fabrikantenfamilie Henschel. Der verbliebene Altbau aus Kutscherwohnung, Remise und Pferdestall im Neorenaissancestil wurde 1992 durch einen modernen Entwurf auf drei Etagen mit Fahrstuhl erweitert. Das Museum wirkt wegen der vorherrschenden Farben Schwarz und Grau vielleicht düster, erlaubt aber doch viel Schmunzeln. Da steht zum Beispiel ein knallroter Sarg, schnittig und hochpoliert wie ein Porsche. Kunstvoll gearbeitete Totenkutschen brachten den Sarg auf den Friedhof. Totenhemden, mittelalterliche Grabkreuze, Trauerschmuck aus den Haaren des Verstorbenen, Skulpturen von Trauernden erzählen von Bestattungsritualen aus mehreren Jahrhunderten. Zeichnungen und Gemälde dokumentieren, wie man früher mit Tod und Trauer umging. Hier kann man auch das Ergebnis eines Erinnerungsdiamanten bewundern, wie er sich aus menschlicher Asche pressen lässt.

Künstler-Nekropole Kassel

Nekropolen sind sogenannte Totenstädte, Begräbnis- und Weihestätte des Altertums und der Ur- und Frühgeschichte. In griechischen, römischen, phönizischen und jüdischen Orten war diese Lage abseits von Wohngebieten aus religiösen Gründen vorgeschrieben. Noch bekannte Nekropolen findet man auf Zypern, in Italien, Südspanien, Frankreich. Unter dem Petersdom in Rom glaubt man in einer Vatikanischen Nekropole Gebeine gefunden zu haben, die dem Apostel Petrus zuzuordnen sind. Am bekanntesten ist wohl das Tal der Könige in Ägypten. Aber auch mitten in Kairo leben Hunderttausende aus Armut in den Nekropolen ihrer Vorfahren zwischen Grabmälern und prunkvollen Minaretten.

Die Künstler-Nekropole Kassel liegt am Stadtrand, unweit des Bergparks Wilhelmshöhe im Habichtswald. Initiator war Harry Kramer (1925 bis 1997), gelernter Friseur, aber dann multimedialer Künstler, Tänzer, Schriftsteller und Professor für Bildhauerei. Zusammen mit Jean Tinguely, Jesús Rafael Soto, Otto Piene, Heinz Mack und Günther Uecker galt er zu den Auserwählten des Documenta-Gründers Arnold Bode als Gruppe ZERO.

Kramer investierte sein Privatvermögen in eine Stiftung, um mit der Nekropole eine neue Form für Kunst im öffentlichen Raum zu schaffen. Geplant waren 40 Monumente als Grabmäler rund um den Blauen See, ein idyllischer Ort mit viel Wald und dramatischer Geologie. Acht Begräbnisstätten sind bereits eingerichtet, aber noch nicht alle besetzt. Kramer selbst ließ sich dort 1997 anonym bestatten.

Es gibt eine Wegbeschilderung, die man ebenso suchen muss, wie die einzelnen Grabstätten, die zuweilen nicht gleich erkennbar sind.

Udo Dossi, Jahrgang 43, Maler und Objektkünstler, kreierte seinen „Denk-Ort" mit den Gesichtern des Todes und Formen der Seele. Die Bildmotive wurden mit dem Laser in die Stahlplatten geschnitten. Dossi stellt sich vor, dass die Besucher die Bildelemente auf Papier oder Stoff übertragen und mitnehmen

Rune Mields, Jahrgang 1935, bildende Künstlerin, formte ihre Grabstätte als sichtbare Mathematik mit Primzahlen. Tim Ulrichs, Jahrgang 1940, selbsternannter Totalkünstler, versenkte seinen Körperabguss so in den Boden, dass nur noch die Fußsohlen zu sehen sind. Sie sollen nach seinem Tod die Asche aufnehmen. Fritz Schwegler (1935 bis 2014), Maler, Zeichner, Bildhauer, Schriftsteller und Musiker, ruht bereits in seinem Sarkophag. Auch Werner Ruhnau (1922 bis 2015), Architekt und Hochschullehrer, liegt in seiner Grabstätte, die einem Theater gleicht. Heinrich Brummack, Jahrgang 1936, Bildhauer und Hochschullehrer schuf eine Art Vogeltränke, unter der er seit 2018 bestattet liegt. Blalla W. Hallmann (1941 bis 1997), Maler und Grafiker, hinterließ an einem Baum ein Bild, das er anlässlich des Todes von Harry Kramer malte und wenige Monate danach selbst starb. Karl Oskar Blase (1925 bis 2016), Maler, Bildhauer, Grafiker, unter anderem bekannt für Briefmarken-Entwürfe, entschied sich für die Skulptur eines Auges auf einer Stele. Udo Dossi, Jahrgang 43, Maler und Objektkünstler, kreierte einen Denk-Ort mit den Gesichtern des Todes. Gunter Demnig, Jahrgang 1947, Schüler von Harry Kramer und bekannt als Verleger der sogenannten Stolpersteine, schuf sich als letzte Ruhestelle einen 1,80 Meter hohen aber 2,70 tiefen Zylinder nach dem Funktionsprinzip einer Einlaufwasseruhr. Er nannte ihn „Circuitus; wenn die Zeit gekommen ist, wird der Kreis geschlossen".

Erreichbar ist die Nekropole mit der Buslinie 10 ab Königsplatz Richtung Kassel-Harleshausen bis Haltstelle „Sonnenhang", mit Buslinie 24 vom Bahnhof Wilhelmshöhe bis Haltestelle „Rasenallee".

Fazit

Drei Tage in Kassel sind keine Reise, sondern ein längerer Ausflug. Aber die Zeit genügt, um ein Gefühl für die Fuldastadt zu gewinnen und Lust aufs Wiederkommen zu erzeugen. Sie nur auf den Bergpark zu reduzieren wäre, wie in Berlin zum Brandenburger Tor zu gehen, in Düsseldorf auf die Kö, in München zum Oktoberfest. Erst beim Schreiben fühlen wir die Defizite: Was hätten wir noch ansehen müssen. Vor allem, welche Lockerungen lassen die Corona-Einschränkungen zu. So war zum Beispiel für 2020 ein Bergleuchten geplant. Drei Tage lang sollte der Bergpark mit und ohne Wasserkunst mit Licht- und Videokunst illuminiert werden und sich noch märchenhafter darstellen. Internationale Künstler hatten schon ihre Projekte eingereicht. Großformatige Wasseranimationen waren geplant, eine 200 Quadratmeter große Wasserwand im Fontänenteich als Projektionsfläche, 3D-Videoprojektionen auf der Front der Schlossfassade. Das alles wurde nun auf 2021 verschoben. Zunächst?

Noch ein Wort zu den Holländern

Als Spezialisten für Reisen durch die Niederlande wären wir gerne den Spuren der Holländischen Straße und dem Stadtteil Nord-Holland gefolgt. Sie war im 18. Jahrhundert der Weg des alten holländischen Postkurses, ein wichtiger Teil des Verkehrsweges zum Niederrhein und nach Holland. Der führte durch das Holländische Tor, mitten auf dem heutigen Holländischen Platz. Man vermutet, dass es 1866 nur abgerissen wurde, damit die Henschels ihre riesigen Loks auf dem Weg zum Oberstadtbahnhof nicht durch das enge Tor fädeln mussten. Vor der Industrialisierung soll die Holländische Straße sehr idyllisch mit großen Obst- und Gemüsegärten und Gärtnereien angelegt gewesen sein. Davon ist heute freilich nichts mehr zu erahnen. Im Gegenteil: Die Straße kam durch den Neonazi-Mord an Halit Yozgat unrühmlich in die Schlagzeilen.

Sonst noch empfehlenswert:

Kassel-Greeters – Bewohner führen durch ihre Stadt. Motto: Kassel erleben mit den Augen eines Kasselers. www.kasselgreeters.de

Stadtrundgang Kunst und Kultur, Samstag um 14.00 Uhr, Tourist Information Innenstadt, Wilhelmstraße 23

Parcours zu Documenta-Kunstwerken:
www.documenta-historie.de: Hier kann man sich drei Rundgänge herunterladen:

Rund um den Friedrichsplatz, 600 Meter, fünf Kunstwerke (Der vertikale Erdkilometer, die Fremden, 7000 Eichen - Stadtverwaldung statt Stadtverwaltung, Laserscape Kassel, Three to One.)

Staatspark Karlsaue, 1,5 Kilometer, fünf Kunstwerke (Rahmenbau, Idee di Pietra, Arkansas Black Apple, Spitzhacke, Raumskulptur)

Stadtraum, 5,8 Kilometer, sechs Kunstwerke (Granitblock. Die Mitte von der Mitte. Man Walking to the Sky. Alter Bahnhof Video Walk. Das über Pflanzen ist eins mit ihnen. Das Traumschiff Tante Olga).

Führung durch UNESCO **Welterbe Bergpark**, Sonntag um 14.00 Uhr. Haupteingang Schloss Wilhelmshöhe, Schlosspark 1

Schloss Wilhelmshöhe: Gemäldegalerie Alte Meister mit dem größten Bestand an Rembrandt-Werke innerhalb Deutschlands

Die jährliche **Kassler Museumsnacht** wurde Anfang September 2020 zur Entzerrung wegen Corona umgewidmet als **KW36** – 36. Kalenderwoche der Museen. Mal sehen, ob und wie das 2021 wird.

Kassel Camping- und Wohnmobilplatz, Giesenallee 9, 34121 Kassel, info@campingplatz-kassel.de.

Kassel Marketing GmbH, Obere Königstraße 15, 34117 Kassel, Tel. 0561-7077-07. info@kassel-marketing.de, www.kassel.de

Verein der Gäste- und Museumsführer in Kassel und Region e.V. **www.kassel-gaestefuehrer.de**

Quellen:

Wikipedia

Kassel Marketing

Merian 2017

111 Orte in Kassel, die man gesehen haben muss, Dietmar Hoos, Emons, 2016.

Kassel – einfach Spitze, Peter Ochs, Wartberg, 2015.

Ist das Kunst oder kann das weg? Documenta-Geschichten, Christian Saehrendt, Dumont, 2012.

Weitere Bücher von den Autoren

Norderney im Winter - kein Fall von Toter Hose
Wenn die Weihnachtsbesucher wieder abgereist sind, beginnt auch für die Gäste bis Ostern eine reizvolle Zeit, in der sie mit den Insulanern näher zusammenrücken. Fast alles läuft weiter: Kur- und Badeeinrichtungen, Kino, Conversationshaus, etliche Museen und die meisten der typischen Inselrestaurants.

ISBN; 978-3-7392-4299-6, 7,99 €, E-Book 4,99 €

Azoren – wundersame Inselwelt im Atlantik
Der Archipel der neun Vulkan-Inseln ragt aus den Tiefen des Atlantiks. Wir besuchten die Hauptinsel São Miguel, Horta auf Faial und sehr ausführlich die Insel Pico samt Besteigung des 2.351 Meter hohen Pico, höchster Berg Portugals. Auswanderer-Freunde zeigten uns die reizvollsten Punkte.

ISBN: 978-3-7412-8040-5, 11,99 €, E-Book 4,99 €

Rom – Bernini, Borromini, Caravaggio und viele Skandale

Unterwegs mit einer Kunsthistorikerin erfasste uns die Leidenschaft nach den Kulissen der Antike und berühmter Filme, nach den von Rivalität und tiefem Hass gesteuerten Meisterwerken der Barockbaumeister und nach den Werken Caravaggios, dem wilden cholerischen Maler.

ISBN: 978-3-7448-5660-7, 12,99 €, E-Book 4,99 €

Patagonien – ein aufregendes Ende der Welt

Zwölf neugierige Menschen unterwegs mit SKR auf einer riesigen Distanz. Sie erlebten Buenos Aires, Ushuaia, den Beagle-Kanal, die Naturparks Feuerland und Torre del Paine, Puerto Natales, El Calafate und die Gletscher Gray und Perito Moreno, und auch noch Santiago de Chile und Valparaiso.

ISBN: 978-3-7431-8152-6, 11,99 €, E-Book 5,49 €

Island mit dem Schiff

Anstatt viele tausend Kilometer auf der unwirtlichen Insel mit dem Auto abzureiten, reist es sich bequem mit Schiff und Bus-und Zodiak-Ausflügen zu den berühmten Sehenswürdigkeiten. In zehn Tagen hat man das Wichtigste stressfrei erlebt und dabei  gut geschlafen und exzellent gegessen

ISBN: 978-3-7460-3453-9, 12,99 €, E-Book 8,99 €

Zugspitze: Warten auf Panorama

Die Aussicht auf 400 Alpengipfel ist weder stündlich noch täglich möglich. Wir beschrieben erlebnisreiche Ausflüge rund um dieses grandiose Zeitfenster, dazu die Varianten, wie man trotz kaputter Seilbahn genussvoll den Gipfel von Deutschlands höchstem Berg erreicht.

ISBN: 978-3-7528-2329-5, 7,99 €, E-Book 4,99 €

Apulien – im Schlaraffenland des Stauferkaisers

Dieser anfängliche trendtours-Alptraum endete

mit viel Begeisterung für Städte, Landschaften und Kulinarik. Wir sahen Matera, Castel Monte, Alberobello, Lecce, Bari, Gallipoli, Martina Franca, Locotorondo, Otranto, Ostuni, Cisternino, die gigantische Castellana Grotte und auch noch Amalfi.

ISBN: 978-3-7528-3887-9, 11,99 €, E-Book 6,99 €

Schicksalsberg Marmolata – mit Fassatal

Das Abenteuer der 18jährigen, die nach 52 Jahren nicht im Fedai-Stausee auftaute. Spurensuche nach einer Gletscherspalte, die es nicht mehr gibt, nach überlebenden Bergrettern, nach den touristischen Pionieren der Dolomiten und des Fassatals. Ein Reisebericht voller Mystik und kleiner Wunder.

ISBN 978-3-7481-7279-6, 12,99 €, E-Book 8,49 €

Marokko preiswert + gut

Ein Königreich für unseren Urlaub. Das klingt verlockend. Aber in einem arabisch-muslimischen Kulturraum ist es erleichternd, wenn unser Reisebericht Sie an die Hand nimmt, beim Besuch von Medinas, Souks und Mo-

scheen und der vier Königsstädte Marrakesch, Fès, Meknes und Rabat. Wir reisten mit RSD.

ISBN: 978-3-7481-9206-0, 13,99 €, E-Book 8,99

Gardasee auf die Billigtour

Es gibt Reisen, über die kann man nur noch schmunzeln. Aber selber schuld, wenn man am Geld spart. Wenn das Essen gerade noch zum Fotografieren taugt und die Reiseleiterin, um sie auf den Mond zu schießen. Wir haben uns trotzdem amüsiert in Limone,

Malcésine, auf der Halbinsel Sirmione und besonders in der Arena von Verona. Aber ein Trendtours-Angebot kommt nie wieder auf den Tisch.

ISBN 978-3-7392-4299-6, 6,99 € E-Book 3,49 €

Unbekanntes Mittel-Irland

Von Dublin zu den Aran-Inseln. Diese Reise gibt es in keinem Katalog. Ziele und Routen entsprangen Eckhard Ladner, ein schwäbischer Sozialwissenschaftler, der seit 35 Jahren in Irland lebt und für Gruppen den Busdriver und Reiseführer gibt. Die Route führt von Dublin nach Mullagh, Laughcrew zur Normannenburg Trim Castle, nach Tullamore und Athenry, zur Aran-Insel Inisheer, nach Graggaunowen, Galway, Loop Head nach Kilkenny.

ISBN 978-3-7481-9700-3, 11,99 €, E-Book 5,49 €

Schottland und Insel Skye

Das erste Mal Schottland –Highlands im Norden, viel Landschaft, viele Schafe, wenig Menschen. Neun plus Reiseleiter kehrten wir nach nur acht Tagen zurück mit lebhaften Geschichten und Bildern eines Schottlands aus rauer Zeit bis heute. Wir durchfuhren die Grampians, den Caledonia Canal. Hier wurde gemetzelt und gefeiert. An vielen Orten schauriges Gedenken an Bonnie Prince Charlie, James Bond, Harry Potter und anerkennend an Theodor Fontanes Schottland-Reise „Jenseits des Tweed". Highlight war die Insel Skye im Westen.

ISBN. 978-3-7494-7878-1, 12,99 €, E-Book: 6,99 €

Toskana für Anfänger

Die Toskana ist riesig. Irgendwo muss man ja anfangen; daher wählten wir sieben Ziele, die aus zentraler Lage mit Auto oder Bus gut zu erreichen sind: Florenz, Pisa, Lucca, Siena, San Gimignano, Volterra, Certaldo und das Chiantigebiet als Heimat von heute ausgezeichneten Weinen. Auch ohne Sterne an Restaurants speisten wir überall vorzüglich. Der geschichtliche Input kam von zwei tollen Stadtführerinnen. Frei nach Goethe: Man sieht nur, was man weiß.

ISBN 978-3-7534-0170-69-8, 21,99 €, E-Book 7,99 €

Sehnsuchts-Trip Sankt-Lorenz-Strom

Eine Rundreise über New York, Niagara, Toronto, Thousand Islands, Montreal, Québec, Halifax, Lunenburg war eine aufregende Suche in die Geschichte Kanadas mit historischen deutschen Spuren. Viele wollten Herrscher von Neu-Frankreich sein. Aber letztlich urbanisierten europäische Siedler die Ufer der großen Wasserstraße. Ab Montreal fuhren wir auf der AIDADiva. Nova Scotia und Bar Harbour mit dem Acadia Nationalpark weckten neue Sehnsüchte.

ISBN 978-3-7519-3477-0, 14,99 €, E-Book 5,99 €

FSC
www.fsc.org

MIX

Papier aus ver-
antwortungsvollen
Quellen

Paper from
responsible sources

FSC® C105338